Haugg
Software-Engineering und ihre
Qualitätssicherung

In der Reihe
Franzis Computer-Praxis
sind erschienen:

Busch, Basic für Einsteiger
Klein, Basic-Interpreter
Klein, Mikrocomputersysteme
Klein, Mikrocomputer-Hard- und -Softwarepraxis
Klein, Z-80-Applikationsbuch
Klein, Was ist Pascal
Klein, Mikrocomputer selbst gebaut und programmiert
Piotrowski, IEC-Bus
Plate, Pascal: Einführung – Programmentwicklung – Strukturen
Wunderlich, Erfolgreicher mit CBM arbeiten

Franzis Computer-Praxis

Friedrich Haugg

Software-Engineering und ihre Qualitätssicherung

Methoden zu erfolgreichen Problemlösungen für den Personalcomputer-Anwender

Mit 49 Abbildungen

CIP-Kurztitelaufnahme der Deutschen Bibliothek

Haugg, Friedrich:
Software-Engineering und ihre Qualitätssicherung: Methoden zu erfolgreichen Problemlösungen für den Personalcomputer-Anwender / Friedrich Haugg. – München: Franzis, 1983.
  (Franzis-Computer-Praxis)
  ISBN 3-7723-7181-7

© 1983 Franzis-Verlag GmbH, München

Sämtliche Rechte, besonders das Übersetzungsrecht, an Text und Bildern vorbehalten.
Fotomechanische Vervielfältigungen nur mit Genehmigung des Verlages.
Jeder Nachdruck – auch auszugsweise – und jegliche Wiedergabe der Bilder sind verboten.

Druck: Franzis-Druck GmbH, Karlstraße 35, 8000 München 2
Printed in Germany · Imprimé en Allemagne

ISBN 3-7723-7181-7

Vorwort

Auf der ganzen Welt werden höchstens etwa 20 Computer benötigt werden. Die Entwicklung von elektronischen Rechenmaschinen muß daher als nicht zukunftsträchtig betrachtet werden.

Dies ist das Ergebnis einer Studie, die Anfang der fünfziger Jahre vom amerikanischen Wirtschaftsministerium in Auftrag gegeben wurde. „Wenn die das noch erleben könnten...", sagt man normalerweise in so einem Fall und vergißt, daß die das sehr wohl erleben, sich allenfalls gerade auf den „wohlverdienten Ruhestand" vorbereiten. Kaum deutlicher als durch dieses Beispiel läßt sich die Jugend der Disziplin Software demonstrieren, deren pubertärer Wachstumsschub zwangsläufig zu organischen Schwierigkeiten führt. War es noch ein einfaches, die wenigen Bits, die anfangs zur Verfügung standen zu manipulieren und zu beherrschen, kam bald der Zeitpunkt, an dem die Bits vermöge ihrer Überzahl siegten, an dem die Software-Artisten alter Schule scheitern mußten. Spätestens dann, wenn größere Teams zur Bewältigung der Aufgabe in vertretbarer Zeit eingesetzt werden mußten. Aber auch für den Einzelkämpfer wurde es auf die Dauer unlösbar, mit Zigtausenden von Befehlen, die er im Laufe der Zeit erzeugt hat, noch zurechtzukommen.

Antwort auf die Software-Krise war die Erkenntnis, daß Umfang und Komplexität dieses Gebiets ingenieurwissenschaftlichen Charakter haben, daß es keineswegs damit getan ist, nach Art der späten 60er Jahre durch einwöchige Umschulung jedem das Eldorado des Programmierens zu eröffnen. Software-Engineering als eigene Disziplin war geboren, erfunden und fortentwickelt von Instituten und Großfirmen, gefördert von Wirtschaftsministerien und Militärs. Wie wenig noch alles konsistent ist, zeigt die Tatsache, daß bis vor kurzem im etwa zehn Jahre alten Studienzweig Informatik das Engineering weitgehend unbekannt war. Und als jüngstes Mitglied hat sich zur Vervollständigung der Mittel gegen die Krise, die Qualitätssicherung der Software dazugefunden, grob vereinfacht die Tätigkeit, die durch das Engineering erzielte Qualität von Software zu überprüfen.

Geradezu grotesk wirkt das anfangs zitierte Studienergebnis angesichts der Tatsache, daß sich heute jeder seinen eigenen Rechner in die gute Stube holen kann und es immer mehr auch tun. Im Zeitraffer erleben die

Personalcomputer-Besitzer die ganze Krisengeschichte noch einmal. Waren es am Anfang, das heißt vor vier bis fünf Jahren gerade mal eben 4-KByte-Arbeitsspeicher, die man sich beschaffen konnte, mußte man mit einem mageren Assembler mehr schlecht als recht herumbasteln, sind heute 128 KByte und ein beachtlicher Hintergrundspeicher keine unerschwinglichen Dinge mehr. Höhere Programmiersprachen, komfortable Betriebssysteme gehören auch in diesem Bereich bereits zum Stand der Technik. Nur, wie man die großartigen Möglichkeiten, die solche Rechner bieten, einigermaßen vernünftig nutzen soll, wie man mit den Problemen der Fehler oder der Organisation der Software zurecht kommen soll, das wird nicht mitgeteilt. Software-Engineering und Software-Qualitätssicherung sind dem exklusiven Kreis der Großanwender vorbehalten. Computergestützte Werkzeuge kosten so viel Geld, daß ein Personalcomputer-Benutzer nur davon träumen kann, wie ein Schlauchbootkapitän von der Luxusjacht. Hilflos steht er vor der Literaturlawine; blättert er ziellos in den Bänden, überfällt ihn schlimmes Fachchinesisch.

Solange er zum eigenen Spaß Spielprogramme erzeugt, mag die Fehlersuche ja noch kriminalistische Freude wecken. Irgendwann ist aber auch die zu Ende, spätestens dann, wenn man sich auf die eigentliche Aufgabe konzentrieren will und die Tücke des Objekts Rechner und Software zur lästigen Bremse wird.

Vollends verdorben ist der Spaß, wenn sich der Einsatz des Personalcomputers zu professionellen Zwecken mausert, wenn die Garantie- und Wartungskosten mehr als nur den Gewinn verschlingen, wenn der Ruf als Software- oder Systemproduzent dahin ist, oder wenn gar durch Fehlfunktionen Menschen gefährdet werden, was beim Einsatz als Prozeßsteuerungen sehr häufig der Fall sein kann.

Dieses Buch soll helfen, die aufgebrochene Lücke zu schließen.

Friedrich Haugg, Ottobrunn bei München

Inhalt

1	**Einführung**	9
1.1	Charakterisierung der PC-Software	9
1.2	Ziel des Buches	11
1.3	Zum Gebrauch des Buches	12
2	**Grundlagen**	14
2.1	Die Meßbarkeit von Software	17
2.1.1	Problematik	17
2.1.2	Qualitätsmerkmale	19
2.1.3	Meßbarkeit	23
2.1.4	Ausblick	27
2.2	Software-Engineering und Software-Qualitätssicherung	28
2.2.1	Phasenkonzept der Software	31
2.2.2	Planung und Kontrolle	40
2.2.3	Organisation	46
2.2.4	Phasenaktivitäten	47
2.2.5	Dokumentation	63
2.2.6	Die Rolle der Programmiersprachen	65
2.3	Software-Tools	67
2.3.1	Entwicklungstools	69
2.3.2	Dokumentationstools	73
2.4	Wirtschaftlichkeit	74
3	**Software-Methodik für Personalcomputer-Anwender**	80
3.1	Organisation	81
3.1.1	Steuerung	81
3.1.2	Planung	87
3.1.3	Kontrollmaßnahmen	90
3.2	Qualitätsmerkmale	93
3.3	Die Software-Phasen	94
3.3.1	Die Software-Anforderung	95
3.3.2	Der Software-Entwurf	98
3.3.3	Die Programmrealisierung	109
3.3.4	Systemintegration	112
3.3.5	Der Software-Betrieb	112
4	**Ein Beispiel**	114
	Literaturverzeichnis	138
	Sachverzeichnis	140

Wichtiger Hinweis

Die in diesem Buch wiedergegebenen Schaltungen und Verfahren werden ohne Rücksicht auf die Patentlage mitgeteilt. Sie sind ausschließlich für Amateur- und Lehrzwecke bestimmt und dürfen nicht gewerblich genutzt werden*).
Alle Schaltungen und technischen Angaben in diesem Buch wurden vom Autor mit größter Sorgfalt erarbeitet bzw. zusammengestellt und unter Einschaltung wirksamer Kontrollmaßnahmen reproduziert. Trotzdem sind Fehler nicht ganz auszuschließen. Der Verlag sieht sich deshalb gezwungen, darauf hinzuweisen, daß er weder eine Garantie noch die juristische Verantwortung oder irgendeine Haftung für Folgen, die auf fehlerhafte Angaben zurückgehen, übernehmen kann. Für die Mitteilung eventueller Fehler sind Verlag und Autor jederzeit dankbar.

*) Bei gewerblicher Nutzung ist vorher die Genehmigung des möglichen Lizenzinhabers einzuholen.

1 Einführung

Die Literatur, die den Erwerb eines Personalcomputer-Systems begleitet, beinhaltet im allgemeinen nichts über methodische Software-Entwicklung, ganz zu schweigen von Verfahren zur Überprüfung von Software-Ergebnissen. Was man erhält, ist

- die Systembeschreibung (häufig nur eine Installationsanweisung)
- die Sprachbeschreibung(en) der installierten Programmiersprache(n)
- die Betriebssystembeschreibung mit den Kommandos und der Beschreibung von zu verwendenden Bibliotheksroutinen.

Dazu erwerben kann man sich, und dieser Markt ist inzwischen recht groß, eine Menge von Büchern, die bestimmte Problemlösungen ausführlich darstellen. Dies ist sicher sehr nützlich für die rein fachliche Lösung eines bestimmten Problems. Auch gut, um an Beispielen guter Programmierung die eigene Technik zu verfeinern. Aber auch gefährlich, der Suchtgefahr trickreicher Techniken zu erliegen, wenn man vorher nicht gelernt hat, sich zu schützen. Schützen durch die inzwischen bewährten und anerkannten Techniken des Software-Engineering, umgesetzt auf die spezielle Problematik der Personalcomputer-Anwendung,
 Diese Anwendung wollen wir kurz charakterisieren.

1.1 Charakterisierung der PC-Software

Das Bild ist ausgesprochen heterogen. Wenn man die Anwendungsgebiete der PC betrachtet, kann man getrost den Schluß ziehen: Überall da, wo Rechnergeschwindigkeit und -größe nicht besondere Leistungen verlangen. Die frühere Einschränkung, man müsse für professionelle Aufgaben auch „professionelle" Computer einsetzen, ist heute mehr und mehr ungültig. Die Personalcomputer-Hersteller sind professionell, und wie. Das anfängliche Serviceproblem schwindet zusehends. Dank konsequenter „Repair by replacement"-Philosophie, also Reparatur durch Austausch, können die Lieferanten auch ohne breites Kundendienstnetz die Wünsche des Kunden zufriedenstellen. Die Antwort der Profis auf diese

1 Einführung

Herausforderung ist eine Offensive auf diesem Sektor. Ob sie mit den teilweise unglaublichen Preisen der „Kleinen" mithalten können, ohne sich den Markt für ihre eigenen Rechner kaputt zu machen, bleibt abzuwarten. Eine Charakterisierung durch die Anwendungsgebiete gibt also nichts her. Wir haben uns also mit allem zu befassen, von der Lohnabrechnung bis zur Hochregallagersteuerung.

Wie sieht's aus mit der Technik? Auf der Hardwareseite sind da einmal die Standardperipheriegeräte. Sieht man einmal von Laserdrucker und den riesigen Trommelmagazinen der Giganten ab, so bieten die Personalcomputer eigentlich alles, was das Herz so begehrt, Floppies, Wechselplatten, Schönschreibdrucker und Plotter. Für die Prozeßschnittstellen werden meist die klassischen V24-Anschlüsse oder der IEC-Bus, als klassische Meß- und Regelschnittstelle, häufig schon standardmäßig angeboten. Bitparallele Anschlüsse ohne Formatierung bieten die Möglichkeiten individueller Problemlösungen. Der bisher einzige größere Unterschied, nämlich die Leistungsfähigkeit der Schnittstellen in bezug auf Menge möglicher Geräte und Bearbeitungsgeschwindigkeit wird durch den Einsatz moderner LSI-Bausteine immer mehr ausgeglichen. Die klassischen Prozeßrechnereinsätze werden zunehmend von den Super-minis verdrängt, was sich auch durch den Vorstoß oder besser das Ausweichen der Prozeßrechner in höhere Gefilde ausdrückt (z. B. HP1000 oder DEC VAX11-System).

Ähnlich ist es bei der Software. Die Primitivprogrammierung ist passé. BASIC hatte sich ja schon von Anfang an angeboten wegen seiner einfachen Erlernbarkeit und seinem relativ geringen Aufwand für die Entwicklung der Interpreter (es gibt schließlich schon 4K-Versionen von BASIC-Systemen). Inzwischen haben aber fast alle bedeutenden Sprachen, sieht man einmal von COBOL ab, auf den Personalcomputern ihren Niederschlag gefunden. Vor allem auch PASCAL, dem wir ein besonderes Augenmerk zollen wollen, wegen seiner Besonderheiten im Hinblick auf die Qualität der erzeugten Programme. Lediglich die Möglichkeiten der Assembler-Programmierung sind etwas verkümmert, obwohl viele Schnittstellen diese leider noch benötigen. Natürlich fehlt den Personalcomputern noch der langjährige Software-Hintergrund, den die großen Prozeßrechner aufweisen, aber mit dem Aufkommen des Quasi-Standard-CP/M-Betriebssystems wird auch dies bald ausgebügelt sein, wenn im Rahmen dieses Systems immer mehr und immer ausgereiftere Unterstützung heranwächst. Man kann darauf warten, daß auch größere Entwicklungshilfsmittel (Software-Tools) zur Verfügung stehen werden.

Allenfalls die Größe der Software- oder Systemprojekte mag noch ein relevantes Unterscheidungskriterium sein. Meist handelt es sich um vergleichsweise kleine Projekte, d. h. Teamgrößen von vier bis fünf Entwicklern sind schon die obere Grenze. Häufig werden die Entwicklungsaufgaben von Einzelpersonen durchgeführt. Das heißt, was den meisten Personalcomputer-Projekten fehlt, ist der Hintergrund an allgemeiner Unterstützung, den Großfirmen bieten können, sowohl auf der Engineeringseite, als auch auf allen Sektoren der Qualitätssicherung.

Und letztlich sind die typischen Personalcomputer-Software-Entwickler Fachleute für ihr Anwendungsgebiet, also Kaufleute oder Spezialisten für die jeweilige Prozeßaufgabe. Der „reine" Software-Entwickler, der Informatiker ist hier die Ausnahme.

Hier zeigt sich der Konflikt. Ist mit den heute angewandten Methoden schon der Informatikprofi häufig überfordert, wie soll dann derjenige, der auf diesem Gebiet kaum Erfahrungen hat, mit den gewaltigen Möglichkeiten, die Personalcomputer derzeit schon bieten und noch bieten werden, nur einigermaßen zurechtkommen.

1.2 Ziel des Buches

Im Rahmen von Software-Engineering und Software-Qualitätssicherung sind in einigen wenigen Jahren Methoden entwickelt worden, die es durchaus auch jetzt schon erlauben, gute Software termin- und kostengerecht herzustellen. Auch wenn diese Methoden im Bereich der professionellen Software-Hersteller erst langsam Fuß fassen, hat sich deren Einsatz inzwischen an vielen Stellen bewährt. Das Thema ist lange noch nicht abgeschlossen, es steckt genaugenommen noch sehr in den Kinderschuhen. Gerade auf dem Gebiet der Messung der Software-Qualität (Software-Metrik) und dem Test von Software muß noch viel Grundsätzliches erfunden werden. Wir werden im folgenden noch darüber berichten.

Unser Ziel ist es, ohne den Ballast tieferen Fachwissens, in praktischer und verständlicher Art das herauszukristallisieren, was an bekannten Methoden für den Personalcomputer-Bereich anwendbar und nützlich ist, die Methoden an den Stellen sinngemäß abzuändern, an denen die Übertragung von der Großsoftware nicht ohne weiteres möglich ist. Das gilt immer dann, wenn teure Tools zur Anwendung kommen oder die organisatorischen Voraussetzungen genützt werden sollen (z. B. die unabhängige Qualitätssicherungs-Organisation).

In diesem Sinne ist das Buch als ein Leitfaden gedacht, der den Ablauf und die Regeln für gute Software-Entwicklung darstellen soll. Es soll damit ein wichtiges Handbuch neben der Sprach- und Systembeschreibung darstellen. Dabei wendet es sich nicht so sehr an den Hobbyprogrammierer, obwohl auch der schnell merken wird, wie angenehm es ist, sich auf die Dauer mehr auf das eigentliche Problem, als auf die Tücke des Objekts konzentrieren zu können. Hauptzielgruppe ist der kleine, professionelle Anwender, der sich die Installation einer spezifischen Software-Fachkapazität nicht leisten will und kann, bei dem es aber gleichwohl sehr auf die Qualität eines Produktes Software, sei es aus kommerziellen Gründen aber auch aus Sicherheitsaspekten ankommt.

1.3 Zum Gebrauch des Buches

Im folgenden Kapitel Grundlagen geben wir eine Einführung in den professionellen Stand der Dinge. Wir behandeln die Software-Metrik und die Engineeringmethoden, vorhandene und geplante Tools und wir diskutieren schließlich die Wirtschaftlichkeit von Engineering und Qualitätssicherung. Dieses Kapitel ist für denjenigen gedacht, der sich tiefer und intensiver mit dem Thema befassen will, der sich in gewisser Weise einen theoretischen Hintergrund verschaffen will.

Wem es auf das Praktische ankommt, der kann gleich zum 3. Kapitel übergehen, in dem wir alle Methoden und Vorgehensweisen für die spezielle Personalcomputer-Problematik beschreiben. Dieses 3. Kapitel ist direkt als Leitfaden für den Gang durch ein Softwareprojekt zu verstehen.

Im 4. Kapitel schließlich führen wir ein Beispiel durch. Nicht vollständig, aber in den wesentlichen Zügen. Es behandelt die Entwicklung eines Textsystems, wie man es heute in vielen kommerziellen Anwendungen benötigt.

Entsprechend der Verbreitung beschränken wir uns bei allen Beschreibungen auf die Sprachen BASIC und PASCAL, obwohl man sehen wird, daß die ausgewählte Sprache keine entscheidende Bedeutung für die Erzeugung guter Software hat.

1.3 Zum Gebrauch des Buches

Tenor des Buches ist es, dem Anwender vorzuschlagen, gleich mit den vorgeschlagenen Methoden zu beginnen. Unabhängig davon, ob sichergestellt ist, daß alle Probleme logisch und formal einwandfrei gelöst sind. Mit Hilfe dieses vorgegebenen Rahmens lassen sich Verfahren und Werkzeuge, praxisorientiert und auf das jeweilige Umfeld optimiert, weiterentwickeln. Damit wird er den anderen um die berühmte Nasenlänge voraus sein.

2 Grundlagen

In diesem Kapitel wollen wir den derzeitigen Stand der Technik auf den Gebieten Software-Engineering und Software-Qualitätssicherung darstellen, ohne uns zu sehr um die Aspekte der Personalcomputer zu kümmern. Wir geben hier einen ziemlich umfassenden Überblick. Wer sich in einzelne Themen noch weiter vertiefen will, wird im Literaturhinweis eine Menge Anregungen finden.

Die Geschichte des Software-Engineering ist recht jung. Es waren wie in vielen technischen Dingen die Militärs, die den Anstoß gaben, die etwa 1968 sich auf NATO-Tagungen zum ersten Mal mit den aufkommenden Problemen großer Software beschäftigten. Die langsame Verlagerung von Hardwarefunktionen zur Software hatte ihren Anfang genommen, obwohl man damals noch nicht abschätzen konnte, welche stürmische Entwicklung die Software machen würde, gerade durch die revolutionären Erfindungen der Elektronik, nämlich der integrierten Bauteile. In Abb. 2.1 ist diese Entwicklung grob quantitativ dargestellt. Hätte man diesen Trend damals schon erkannt, wäre das Wort „Software-Engineering" nicht nur als Provokation ausgesprochen worden, sondern man hätte festgestellt, daß die Herstellung von Software sehr wohl eine Ingenieurwissenschaft ist, gleichzustellen mit mechanischem, hydraulischem oder elektrischem Engineering. Wobei mit „Engineering" immer die Verfahren gemeint sind, die zur Herstellung eines hochwertigen Produkts nötig sind. Die Extrapolation zeigt, daß die Software in zuneh-

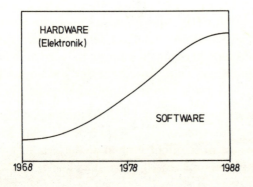

Abb. 2.1
Entwicklung des Software-Anteils in elektronischen Systemen

mendem Maße systembestimmend wird, daß die Softwarekrise ohne das Anwenden von bestimmten Maßnahmen unbeherrschbar wird. Und sie zeigt auch noch, daß es immer wichtiger wird, das Ergebnis von Software-Entwicklungen messen zu müssen, ein Aspekt, auf den wir in Abschnitt 2.1 eingehen werden.

Zurück zur Geschichte. Das Thema weitete sich vor allem eben im militärischen Bereich sehr schnell aus. Die ersten Untersuchungen bezogen sich hauptsächlich auf das Planen und Managen von Software-Projekten, da diesbezüglich noch keine Erfahrung vorlag. Außer der negativen, daß die Methode der Software-Einzelkünstler nicht mehr funktionierte. Die Kommunikation innerhalb eines Entwicklungsteams war ungenügend, die Fehlerzahl in den Programmen hoch, nur der jeweilige Entwickler selbst war in der Lage, Fehler zu beheben. War er von der Firma weg, lohnte es sich häufig eher, die Programme neu zu schreiben, da eine Einarbeitung nahezu unmöglich war. Und die Wartung bereits laufender Programme verschlang Unsummen. Aber das ist leider gar keine Historie. Denn trotz aller Bemühungen, ist mit Recht anzunehmen, daß sich auch bei vielen Profis diesbezüglich noch nicht viel geändert hat.

Der nächste Schub kam mehr aus den Forschungsinstituten, die sich punktuell intensiv mit der Thematik befaßt haben. Anfang der siebziger Jahre wurde die strukturierte Programmierung als neues Heilmittel proklamiert, wenig später auch der strukturierte Entwurf. Grundprinzipien, die auch heute noch in vollem Umfang gültig sind. Als ein wichtiger Schritt wurde dann erkannt, daß ein Vorgehen in bestimmten, in sich abgeschlossenen Phasen wesentlich für die Entstehung guter Software ist. Wir werden dieses wichtige Konzept, das heute Allgemeingut ist, in vollem Umfang übernehmen. Allgemeingut heißt aber auch hier nur, daß man es eigentlich weiß, aber es immer noch nur sehr wenige anwenden.

In dieser Zeit, etwa Mitte bis Ende der siebziger Jahre, begann sich die Idee zu verbreiten, daß man mit Hilfe des Rechners auch die Software-Entwicklung unterstützen könnte. Den Teufel mit dem Beelzebub austreiben, wie viele Kritiker meinten. Ob zu Recht oder nicht, wird sich erst in einigen Jahren zeigen, wenn diese Tools ausgereift und auf breiter Basis verwendet werden. Ein Prozeß, der kaum noch aufzuhalten ist.

Parallel mit diesen Entwicklungen laufen die Untersuchungen über die Meßbarkeit von Software, die trotz vieler Mühen noch sehr in den Kinderschuhen stecken, es ist noch nicht einmal sicher, ob eine echte physikalische Meßbarkeit überhaupt erzielt werden kann.

2 Grundlagen

Erst seit etwa zwei Jahren kam dann der Ausdruck Software-Qualitätssicherung auf. Die Analogie zu den anderen technischen Disziplinen läßt sich leicht herstellen. Sie ist innerhalb der geregelten Vorgehensweise der Prozeß der Überprüfung und Sicherstellung der Qualität des entsprechenden Produkts. Daß ein Ähnliches bei der Software bisher fehlte, ist zweifelsfrei. Nur mit reinen Analogien kommt man nicht weiter, da der Prozeß der Software-Erstellung doch wesentlich andersartig ist, als z. B. die Produktion von Elektronik. Die eigentliche Produktion spielt bei Software eine völlig untergeordnete Rolle. Die auftretenden Fehler sind keine Bauteileausfälle, sondern eben noch versteckte Fehler aus der Entwicklung, die aufgrund der hohen Komplexität, die ein Software-Programm erreicht, eben häufig erst viel später entdeckt werden.

Man ist heute dabei, die Methoden für eine wirkungsvolle Software-Qualitätssicherung zu entwickeln; die Verfahren hierfür sind weitgehend bekannt. Wesentlich ist die Abstimmung von Engineering und Qualitätssicherung aufeinander, nur das reibungslose und sinnvolle Zusammenspiel präventiver und korrektiver Maßnahmen führt zu einem spürbaren Erfolg. Und wie nötig dieser Erfolg ist, mag ein Zahlenbeispiel verdeutlichen, das wir [1] entnommen haben: Bei einem gegenwärtigen (1980) Personalumsatz von 7 Mrd. DM pro Jahr in der Bundesrepublik würde eine 10%ige Produktivitätssteigerung bei der Software-Entstehung einen volkswirtschaftlichen Nutzen von 700 Mio. DM bedeuten.

An dieser Stelle noch ein Blick in die Zukunft. In näherer Zukunft, also etwa in drei bis fünf Jahren werden die Entwicklungstools einen immer breiteren Raum einnehmen, eventuell sogar in beschränktem Umfang auf Personalcomputern zur Anwendung kommen. Diese Entwicklung nach „unten" ist jedoch nicht genau abzusehen, denn im Gegensatz zu deutlichen Dezentralisierungstendenzen infolge der Mikrorechnerrevolution, scheinen sich heute Gesamtkonzepte zu bilden, bei denen größere Rechner die Aufgabe der Programmentwicklung und des Testens wahrnehmen, die kleinen Rechner aber nur als Zielrechner für fertigen Code benutzt werden. Diese Entwicklung würde dem Personalcomputer-Anwender keinesfalls entgegenkommen. Es bleibt abzuwarten, wie das endgültige Ergebnis aussehen wird, oder ob sich je nach Markt beide Alternativen langfristig entfalten werden.

In weiterer Zukunft ist die sogenannte Software der 4. Generation zu erwarten. Ein Abrücken von klassischen Programmiersprachen für den Anwender von Rechnersystemen, hin zu extrem einfachen, ausschließlich benutzerorientierten Eingaben und einem Software-System, das die jeweilige Anwendung selbständig generiert. Zukunftsmusik? Vielleicht. In einigen Ansätzen ist dies heute schon zu bewundern. Trotzdem brauchen wir uns darüber den Kopf noch nicht zerbrechen. In allen Fällen bekommt die Qualitätssicherung der Software eine immer wichtigere und schwierigere Aufgabe.

2.1 Die Meßbarkeit von Software

In data processing, the only thing we can rely on is unreliability
(T. Gilb in Laws of Unreliability, Datamation, März 1975)

Das einzige, worauf man sich in der EDV verlassen kann, ist die Unzuverlässigkeit. Nur, bei der heutigen Bedeutung der Software ist dieser phlegmatische Standpunkt nicht mehr tragbar, außer man will auf sie verzichten. Aber das ist genauso theoretisch und undurchführbar, wie der Wunsch auf die modernen Methoden von Ackerbau und Viehzucht zu verzichten. Ohne deren Methoden ist die Weltbevölkerung nicht zu ernähren, auch wenn rein natürliche Vorgehensweisen weniger gefährliche Begleiterscheinungen hätten. Und ohne Software wird die leider nötige Technik nicht zu beherrschen sein, auch wenn es ohne Software menschlicher zugehen würde und man die Stromrechnung besser verstehen könnte. Also muß man das Problem angehen, lernen die Software und ihre Auswirkungen besser beherrschbar zu machen. Denn Software ist nicht nur lästig, wie es die unentzifferbare Stromrechnung der Isar-Amperwerke beweist, Software ist auch gefährlich. Heute sogar lebensgefährlich. Nicht für den einzelnen, sondern für die Menschheit. Maßlos übertrieben? Daß die Software im amerikanischen Frühwarnsystem nicht das alleinige Sagen hat, schwächt dessen Reaktionsfähigkeit erheblich. Menschen müssen nämlich die Ergebnisse erst einmal beurteilen, bevor Gegenmaßnahmen eingeleitet werden. Täten sie es nicht, würde derzeit die Menschheit etwa einmal wöchentlich ausgelöscht werden. Man arbeitet derzeit daran, diese Software zu verbessern.

Genug des makabren Beispiels, lassen wir wirtschaftlichen Gründen wieder den Vorrang. Alle sind sich einig, daß das mit Software besser werden muß, aber was ist das eigentlich, gute Software?

2.1.1 Problematik

Ist gute Software eine Software, die keine Fehler hat? Bestimmt ist das nicht schlecht, aber reicht das aus? Gute Software ist auch eine Software, die sich preisgünstig warten läßt oder, die leicht auf ein anderes System übertragbar ist. Oder, in der Fehler leicht zu entdecken oder zu beheben sind. Oder, in der Änderungen einfach zu realisieren sind. Oder, die mit wenig Speicher auskommt. Oder, die keine unerlaubten Zugriffe auf geschützte Daten zuläßt. – So einfach ist das also gar nicht mit dem Begriff, es gibt da doch eine Menge Aspekte. Und um die Sache noch schwieriger zu machen, manche Aspekte schließen sich gegenseitig aus, so, daß man von hoher Software-Qualität schlechthin überhaupt nicht reden kann. Ein Beispiel: Ein Rechnersystem soll Patienten in einer Intensivstation überwachen. Es muß also die wesentlichen Daten wie Herz- und Lungenfunktion, eventuell auch die Gehirnströme messen und verarbeiten, in dem es auf wesentliche Kriterien, wie Herzrhythmus oder Atemfrequenz achtet. Technisch keine besonders schwierige Aufgabe. In dem Augenblick aber, wo man dem System die Überwachung selbständig überläßt, wird es problematisch. Was soll geschehen bei einem Systemausfall (wir meinen nicht den Stromausfall, den muß man anders beherrschen)? Welche Vorkehrungen muß man treffen? Kann man dies noch durch technische Maßnahmen wie Redundanz (mehrere Systeme machen das gleiche und überprüfen sich gegenseitig) lösen, so ist die Frage nach der Fehlerfreiheit der eigentlichen Software viel schwieriger zu beantworten. Ab einer bestimmten Größe der Software ist es nämlich einfach unmöglich, alle vorkommenden Fälle auszutesten. Wir werden darauf noch zurückkommen. Ab wann und durch welche Maßnahme kann man also guten Gewissens sagen, das System ist zuverlässig genug. Um es gleich vorwegzunehmen, bis heute kann man das nicht annähernd. Eines aber ist klar. Bei einem solchen System dürfen z. B. der Speicherplatzbedarf oder die Änderungsfreundlichkeit nicht die geringste Rolle spielen.

Nehmen wir ein extremes Gegenbeispiel. Der Markt der Computerspiele ist hart umkämpft. In besonderem Maße kommt es hier auf Wirtschaftlichkeit an. Bei den Stückzahlen, die man produzieren muß, ist es sehr wohl von Bedeutung, ob das Programm einige hundert Computerworte mehr oder weniger benötigt, denn Speicherplatz ist Hardware und die kostet in der Produktion Geld. Ob das Spiel absolut fehlerfrei ist, spielt tatsächlich eine untergeordnete Rolle. Sicher ist es lästig, wenn es in manchen Situationen „aussteigt", geschädigt wird außer den Nerven der Mitspieler nichts. Eine gewisse Bedeutung kann in diesem Beispiel der Änderbarkeit zukommen, da man ja am Ball bleiben und aufbauend auf gewissen Grundkonfigurationen möglichst schnell Spielvarianten anbieten können muß.

Die Erkenntnis aus den Beispielen: Der Begriff hohe Software-Qualität ist ziemlich nichtssagend. Es kommt darauf an, wofür die Software gedacht ist. Man kann die Software-Qualität nur als eine Menge von Merkmalen definieren, muß aber gleichzeitig sagen, auf welche dieser Merkmale es im speziellen Fall ankommen soll. Hat man einen Satz von Merkmalen, die untereinander möglichst unabhängig sein sollen, aber vollständig, dann hat man erst die Grundlage geschaffen, um die Software-Qualität qualifiziert beurteilen zu können. Aber auch das ist nur ein erster Schritt. Denn dann muß man erst Definitionen finden, die Erfüllung dieser Merkmale zu quantifizieren. Aussage, wie „das Programm ist zuverlässig" oder „nicht gut änderbar" helfen so gut wie nichts und führen zu nichts anderem als zum Streit zwischen Auftraggeber und Auftragnehmer. Und wenn man diese Definition hat, dann kommt erst die entscheidende Leistung, nämlich anzugeben, wie man die Erfüllung der Merkmale messen kann. Soweit sind wir aber heutzutage noch lange nicht.

2.1.2 Qualitätsmerkmale

Es gibt verschiedene Ansätze zur Definition der Qualität. Wir wollen die Methoden, die sich auf bestimmte Teilaspekte beschränken nicht darstellen. So ist z. B. viel über die Qualität des Codes geschrieben worden, oder über die Qualität von Tests. Das alles ist wichtig, aber wirklich nutzbringend ist nur eine ganzheitliche Betrachtung des Problems. Deswegen sollte auch unser Merkmalsatz sich immer global auf das gesamte Software-Produkt beziehen. Folgende Merkmale haben sich als ein einigermaßen vollständiger Satz von unabhängigen Größen herausgestellt:
- Funktionserfüllung
- Benutzbarkeit
- Sicherheit
- Effizienz
- Zuverlässigkeit
- Änderbarkeit
- Prüfbarkeit
- Portabilität
- Weiterverwendbarkeit.

Was ist im einzeln unter diesen Merkmalen zu verstehen?
Funktionserfüllung bedeutet, daß das Software-Produkt alle geforderten Funktionen bzw. Aufgaben richtig und in vollem Umfang erfüllt. In gewisser Weise ist dieses Merkmal natürlich trivial, für einen vollständi-

gen Satz von Merkmalen aber nötig. Außerdem ist das mit dem Nachweis der Funktionserfüllung nicht immer so einfach, dann nämlich, wenn die angeforderten Funktionen nicht eindeutig beschrieben sind. Wir werden uns damit beim sogenannten Phasenkonzept noch intensiv befassen. Wir sollten noch bemerken, daß eine Quantifizierung dieses Kriteriums zwei Aspekte hat, einmal den Umfang, in dem die Funktionen erfüllt sind und zum zweiten, die Quantifizierung der Funktionen selbst, wie z. B. geforderte Reaktionszeiten des Systems auf bestimmte Ergebnisse.

Schon etwas schwieriger ist es mit der *Benutzbarkeit*. Die Benutzbarkeit umfaßt folgende Teilaspekte:

— Handhabbarkeit
— Erlernbarkeit
— Verständlichkeit
— Robustheit

Die Handhabbarkeit bezieht sich auf die Nutzung des Systems durch den Anwender. Hier ist es also wichtig, daß die Bedienung einfach und einleuchtend ist, daß z. B. die Kommandosprache verständlich ist, oder daß nicht mehr Bedienung gefordert wird als unbedingt nötig ist. Zum Verständnis der letzten Aussage ein Beispiel: Wenn man zum Starten eines Prozeßsteuerungssystems eine Menge von Eingaben machen muß, die sich nicht auf die eigentliche Steuerung beziehen, sondern nur dem Betriebssystem sagen, welche Peripheriegeräte auf welchen internen Kanälen zu finden sind, so ist die Handhabbarkeit nicht besonders gut, weil diese Eingaben für den Benutzer unverständlich und uninteressant sind.

Die Erlernbarkeit erklärt sich beinahe von selbst. Der Umgang mit dem System muß für Personal, das für den Anwendungsfall spezialisiert ist, in vertretbarer Zeit erlernbar sein.

Die Verständlichkeit bezieht sich nicht mehr auf den Anwender, sondern auf die Entwickler. Diese Qualität sagt aus, wie leicht es für andere Entwickler ist, sich in das System zum Zwecke der Fehlerbehebung oder Anbringung von Modifikationen einzuarbeiten. Ein sehr wichtiges Teilmerkmal für wirtschaftliche Softwarewartung.

Schließlich die Robustheit. Dies ist die Sicherheit des Systems gegen unabsichtliche Fehlbedienung. Viele Programme reagieren einwandfrei auf richtige Eingaben, macht man hingegen Fehleingaben, so endet die Tätigkeit häufig in einer *Deadlock*-Situation. Es hilft dann nur noch abschalten und neu starten. Eine Krankheit, an der viele Personalcomputer-Systeme am Anfang litten. Und gleichzeitig ein untragbarer

Zustand, wenn es aus irgendeinem Grund „darauf ankommt". Gerade dieses Kriterium ist häufig eine starke Effizienzbremse, weil die Absicherung gegen falsche Eingaben im allgemeinen viel mehr Codeaufwand erfordert als die eigentliche Bearbeitung.

Ein Hauptmerkmal ist die *Sicherheit*. Auch die Sicherheit hat zwei Aspekte:
– Datenschutz
– Sicherheit gegen absichtliche Fehlbedienung

Die Datenschutzfähigkeit eines Systems unter die Qualitätsmerkmale zu rechnen ist ein wenig umstritten. Man könnte genausogut sagen, dies wäre eine Funktionsforderung. Hier die Grenze zu ziehen, ist schwierig. Wir führen den Datenschutz als allgemeines Qualitäts-Merkmal, weil die Methoden zur Realisierung und zur Überprüfung ebenfalls von allgemeiner Natur sind und natürlich auch wegen der Bedeutung, die dem Schützen vor unberechtigten Zugriffen zukommt. Die Sicherung gegen absichtliche Fehlbedienung ist technisch mit dem Datenschutz verwandt, die Betonung liegt hierbei jedoch auf dem Schutz vor Zerstörung von Daten oder dem Schutz von wichtigen Speicherinhalten.

Die *Effizienz* oder auch die Leistungsfähigkeit des Systems kann sich einmal auf die Geschwindigkeit der Verarbeitung beziehen, zum anderen ist damit der Bedarf an Speicherplatz gemeint, übrigens zwei Teilmerkmale, die im allgemeinen ausgesprochen konträr sind. Man kann z. B. Datenmengen sehr geschickt komprimieren und damit den Bedarf an Hintergrundspeicher erheblich verringern. Auf die Verarbeitungszeit kann dies jedoch unzumutbare Auswirkungen haben. Ein etwas ausführlicheres Beispiel: In einem Textsystem sollen bestimmte Texte häufig an verschiedenen Stellen abgeändert werden, die einzelnen Änderungsstände aber jeweils erhalten bleiben. Denken Sie dabei vielleicht an Briefe mit unterschiedlichem Schluß oder eingefügten Abschnitten. Man kann das nun so organisieren, daß man die einzelnen Textversionen als Ganzes abspeichert. Man speichert damit also viele Teile mehrfach ab, was vom Informationsgehalt ziemlich überflüssig ist und eine enorme Platzverschwendung darstellt. Für den Zugriff auf diese Texte ist dies Verfahren jedoch optimal, weil ein einziger Begriff genügt, um den ganzen Text sofort zur Verfügung zu haben. Die optimale Methode, um Platz zu sparen ist es, sich nur jeweils die Veränderungen von einem Text zum anderen abzuspeichern mit der zusätzlichen Information, wo diese Änderungen im jeweils vorhergehenden Teil eingefügt werden sollen. Auf diese Weise wird tatsächlich jeder Textteil nur ein einziges Mal abgespeichert. Aber stellen Sie sich auf der anderen Seite vor, wieviel

2 Grundlagen

Computerarbeit zu leisten ist, wenn z. B. die zehnte Version aus den einzelnen Stufen rekonstruiert werden soll. Das kann zu Rechenzeiten führen, durch die es sich nicht mehr lohnt, das endgültige Ergebnis abzuwarten, man den Brief also besser selbst schreibt. Ganz zu schweigen von den vielen Fehlermöglichkeiten, die die komplizierte Rekonstruktion in sich bergen kann. Noch etwas lernen wir aus dem Beispiel: Man kann nicht einmal im Falle dieses Textsystems sagen, welcher Optimierung man den Vorzug geben sollte. Das hängt einzig und allein von der Aufgabenstellung ab. Sind nämlich die Änderungen geringfügig, wird z. B. nur ein Name ausgetauscht, so ist der letzteren Methode klar der Vorrang gegeben. Wird der Text jedoch im wesentlichen aus verschiedenen Bausteinen erst zusammengestellt, so muß man zwangsläufig auf die speichersparende Methode zurückgreifen.

In der allgemeinen Vorstellung über hohe Software-Qualität nimmt die *Zuverlässigkeit* wohl den höchsten Rang ein. Und das ist sicher nicht verkehrt. Ohne Zuverlässigkeit ist das raffinierteste, intelligenteste, schnellste und beste Programm wertlos. Deswegen ist auch der Grundsatz verständlich, den viele formulieren: Es ist besser, auf Funktionen zu verzichten, als sie auf Kosten der Zuverlässigkeit irgendwie zu realisieren. Es besteht naturgemäß eine erhebliche Diskrepanz zwischen dem, was ein Rechner kann und dem, was ein Rechner zuverlässig kann. Wir werden sehen, daß die größte Problematik bei der Zuverlässigkeit nicht so sehr die Definition, sondern die Meßbarkeit ist. Dies aufgrund der Tatsache, daß wie bereits einmal erwähnt, ab einer bestimmten Programmgröße die Fehlerfreiheit, also die absolute Zuverlässigkeit, nicht mehr nachzuweisen und auch wohl nicht mehr zu erreichen ist. Wir werden auf diese Problematik auch bei der Behandlung der Tests noch zurückkommen.

Die *Änderbarkeit* sagt aus, wie kompliziert und damit aufwendig es ist, Änderungen im Funktionsumfang zu realisieren. Sicher ein sehr bedeutsames Merkmal, wenn es um Wirtschaftlichkeit und Zeit geht.

Die *Prüfbarkeit* ist sozusagen die Einfachheit, Fehler zu entdecken und zu lokalisieren. Ein wichtiges Merkmal für die wirtschaftliche Wartung von Software. Im Gegensatz zur Forderung nach völlig voneinander unabhängigen Merkmalen steht die Prüfbarkeit natürlich in einem gewissen Zusammenhang mit der Zuverlässigkeit. Ohne eine gute Prüfbarkeit wird eine hohe Zuverlässigkeit kaum zu erzielen sein. Beide Merkmale können jedoch unabhängig voneinander gewertet werden.

Ebenfalls umstritten (wie der Datenschutz) als allgemeines Qualitäts-Merkmal ist die *Portabilität*. Gemeint ist die Übertragbarkeit eines Programms auf ein anderes Rechnersystem oder innerhalb eines Rechners auf ein anderes Betriebssystem (z. B. bei Umstellung auf Plattenbetrieb). Diese Forderung impliziert z. B. die Verwendung einer höheren, rechnerunabhängigen Programmiersprache.

Das letzte Merkmal ist die *Weiterverwendbarkeit*. Es handelt sich hierbei vor allem um die Wiederverwendung von Teilen der Software für andere Probleme (auf dem gleichen Rechnersystem, im Gegensatz zur Portabilität). Voraussetzung für eine hohe Weiterverwendbarkeit ist es, daß die Teile möglichst allgemein programmiert sind. Wenn z. B. ein Bibliotheksunterprogramm, das die Sinusfunktion berechnen soll dies nur im Bereich von 0° bis 90° tut, so mag das für den entwickelten Anwendungsfall ausreichen. Hätte man das Programm aber gleich für den ganzen Bereich ausgelegt, was mit geringem Aufwand möglich wäre, so wäre es für alle späteren Fälle unverändert anwendbar.

Wir haben diese Merkmale jetzt sehr ausführlich beschrieben und man wird sich vielleicht wundern, daß noch immer nichts über die eigentliche Entwicklung gesagt wurde. Aber es ist uns in diesem Buch besonders wichtig, das Gefühl für die Qualität von Software zu wecken, zu zeigen, daß neben der eigentlichen Problemformulierung die Berücksichtigung solcher Merkmale wesentlich ist, um gute Software zu erzielen.

Und trotzdem ist das alles nicht ausreichend. Wir wissen zwar jetzt, auf welche Eigenschaften es ankommen soll, wie sie aber realisiert werden sollen und wie sie vor allem gemessen werden sollen, darüber ist noch nichts gesagt worden. Wie sieht der Stand der Technik diesbezüglich aus?

2.1.3 Meßbarkeit

Ziemlich schlecht sieht es mit der Meßbarkeit aus. Ja selbst mit der Definition von Maßzahlen, also der quantitativen Definition ist es heute noch nicht weit her. Greifen wir ein Beispiel heraus, um die Schwierigkeiten zu demonstrieren, nämlich das Merkmal Zuverlässigkeit. Gerade sie ist eine Größe, deren physikalische Messung besonders interessant wäre. Zuverlässig ist ein System dann, wenn es über lange Zeit ohne Ausfall funktioniert. Besonders bei sicherheitskritischen Systemen ein äußerst wichtiger Faktor. Wir haben also schon ein Gefühl dafür, wie so eine Definition aussehen könnte. Man könnte sogar in Analogie zu den elektronischen Systemen, z. B. von Flugzeugen, die Zuverlässigkeit als

Zahl der Ausfälle pro Betriebszeiteinheit definieren. Für flugkritische Systeme wird heutzutage beispielsweise eine Zuverlässigkeit von 10^{-8}/h verlangt. Die Zahl bedeutet, daß die Wahrscheinlichkeit, daß das System innerhalb einer Betriebsstunde einen Fehler hat, kleiner als 10^{-8} ist, oder anders ausgedrückt, daß höchstens alle 10^8 Betriebsstunden, also 11 400 Betriebsjahre ein Fehler auftritt. Das klingt etwas verrückt, ist aber eine für die Gesamtsicherheit eines Flugzeugs nötige Größe. Diese Größe ist für den Wert unserer Zuverlässigkeitsdefinition sehr aufschlußreich. Man muß sich bei solchen Zahlen nämlich sofort fragen, wie man die Einhaltung einer solchen Zuverlässigkeit überhaupt nachweisen kann. Schließlich kann man ein System nicht 11 400 Jahre laufen lassen, um festzustellen, ob ein Fehler auftritt. Bei elektronischen Systemen wird dieser Wert rechnerisch aus der Systemstruktur und der experimentell bekannten Ausfallsicherheit einzelner Bauelemente ermittelt. Wie ließe sich dies aber bei der Software realisieren? Hier spielen Fehler durch Bauteileausfälle keine Rolle. Fehler können prinzipiell nur bei von Tests nicht abgedeckten Fällen auftreten. Dann muß man eben die Tests ausführlich machen, wäre der einfache Schluß.

Zu diesem Fall möchten wir ein Beispiel zitieren, das wir dem Buch „The Art of Software Testing" von G. Myers entnehmen [2]. Folgende Aufgabe wurde verschiedenen Software-Entwicklern gestellt: Ein Programm ist zu entwickeln, das drei Werte einliest, die die Seiten eines Dreiecks darstellen sollen. Das Programm soll diese Werte prüfen und ausdrucken, ob es sich bei den jeweils eingelesenen Werten um ein gleichseitiges, ein gleichschenkliges oder ein gewöhnliches Dreieck handelt. Klingt einfach. Ist auch nicht schwer. Man hat die Fehler, die bei den verschiedenen Versionen der einzelnen Software-Entwickler aufgetreten sind, zusammengetragen und ist auf 14 verschiedene Fehler gekommen. Wir möchten bemerken, daß dies noch keine Garantie ist, *alle* möglichen Fehler dieser Aufgabenstellung ermittelt zu haben. Nun hat man 59 Software-Experten die Aufgabe gestellt, ein Testprogramm zu erstellen, das möglichst alle Fehler erfassen soll. Die Auswertung des Ergebnisses ist erschreckend: Im Durchschnitt wurden durch die erstellten Testprogramme nur 7,8 der 14 ermittelten Fehlermöglichkeiten entdeckt. Also nur gut die Hälfte der Fehler konnte durch die einzelnen Testprogramme gefunden werden. Und dies bei einer so einfachen Aufgabenstellung. Wieviel geringer ist die Fehlerentdeckungsrate dann wohl bei großen Programmen mit Tausenden von Statements.

Das Beispiel demonstriert in drastischer Weise die längst bekannte Tatsache, daß selbst schon bei kleinen Programmen ein hundertprozentiger Test unmöglich ist, nicht nur nicht wirtschaftlich vertretbar, sondern wirklich technisch unmöglich. Das ist sicher in erster Linie ein Problem für das Thema „Test", aber es betrifft auch sehr unsere Definition der Zuverlässigkeit. Denn was nützt die Definition, wenn man den Nachweis für die Einhaltung einer bestimmten Größe nicht führen kann. Damit ist auch gezeigt, daß die etwas andere Definition der Zuverlässigkeit, nämlich als die Zahl der vorhandenen Restfehler auch nicht viel besser ist, zumal sie nicht genau das ausdrückt, was mit Zuverlässigkeit gemeint ist.

Mit anderen Merkmalen ist es ebenfalls problematisch. Wir möchten noch drei weitere Beispiele anführen, die völlig unterschiedliche Aspekte bezüglich der Definition aufweisen.

Zum ersten die Portabilität. Eine einfache Definition liegt nahe. Maß für die Portabilität ist die Zahl der Programmteile oder auch Befehle, die unabhängig sind von speziellen Rechnersystemen, z. B. in Prozenten ausgedrückt. 90 % portabel würde dann heißen, daß 90 % des Codes bei einer Übertragung nicht verändert werden müssen. Eine durchaus brauchbare Definition. Aber auch sie hat zwei kleine Haken: Zum einen sagt die Zahl nichts darüber, wie schwierig die restlichen 10 % zu übertragen sind, ein Schluß auf die Kosten ist also nicht direkt möglich. Zum zweiten ist die Definition leider abhängig von dem jeweiligen Rechnersystem. Was beim einen unverändert bleiben kann, kann beim anderen durchaus einer Änderung bedürfen. Also eine Definition mit Schönheitsfehlern.

Nächstes Beispiel: die Effizienz. Nehmen wir die Speichereffizienz. Hier haben wir den paradoxen Fall, daß dieses Merkmal einfach zu messen, aber praktisch unmöglich *absolut* zu definieren ist. Man kann also höchstens eine relative Effizienz angeben.

Und nochmals völlig anders geartet ist die Prüfbarkeit. Offensichtlich ist sie irgendwie ein Maß dafür, wie gut man Fehler finden kann. Z. B. James McCall hat in [3] eine sehr praktische Definition gegeben (genaugenommen hat er die Wartbarkeit definiert, also ein Merkmal, das die Prüfbarkeit und die Änderbarkeit, also speziell die Fehlerbehebung umfaßt). Er hat nämlich nicht versucht, eine technische Definition zu finden, sondern ist von der Wirkung ausgegangen. Bei McCall wird die Prüfbarkeit als Maß aus der durchschnittlichen Zeit für das Finden eines Fehlers definiert.

Die genaue Definition der Wartbarkeit nach McCall:
Wartbarkeit = 1 − 0.1 x (durchschnittliche Zahl der Manntage pro Fehler).

METRIC WORKSHEET 2 B DESIGN/MODULE LEVEL	SYSTEM NAME: _____ MODULE NAME: _____			Pg. 2		
III. STRUCTURE (RELIABILITY? MAINTAINABILITY, TESTABILITY) III. (CONTINUED)						
5. Is the module dependent on the source of the input or the destination of the output? SI.1 (3)	Y	N	7. Are any limitations of the processing performed by the module identified? EX.2(1)		Y	N
6. Is the module dependent on knowledge of prior processing? SI.1(3)	Y	N	8. Number of entrances into modules SI.1(5)			
			9. Number of exits from module SI.1(5)			
IV. REFERENCES (MAINTAINABILITY, FLEXIBILITY, TESTABILITY, IV. PORTABILITY, REUSABILITY, INTEROPERABILITY)						
1. Number of references to system library routines, utilities or other system provided facilities SS.1(1)			8. Is temporary storage shared with other modules? MO.2(7)			
2. Number of input/output actions MI.1(2)			9. Does the module mix input, output and processing functions in same module? GE.2(1)			
3. Number of calling sequence parameters MO.2(3)			10. Number of machine dependent functions performed GE.2(2)			
4. How many calling sequence parameters are control variables MO.2(3)			11. Is processing data volume limited? GE.2(3)		Y	N
5. Is input passed as calling sequence parameters MO.2(4)	Y	N	12. Is processing data value limited? GE.2(4)		Y	N
6. Is output passed back to calling module? MO.2(5)	Y	N	13. Is a common, standard subset of programming language to be used? SS.1(2)		Y	N
Is control returned to calling module MO.2(6)	Y	N	14. Is the programming language available in other machines? MI.1(1)		Y	N
V. EXPANDABILITY (FLEXIBILITY)						
1. Is logical processing independent of storage specification EX.1(1)					X	N
2. Are accuracy, convergence, or timing attributes parametric? EX.2(1)					Y	N
3. Is module table driven? EX.2(2)					Y	N
VI. OPTIMIZATION (EFFICIENCY)						
1. Are specific performance requirements (storage and routine) allocated to this module? EE.1					Y	N

Abb. 2.1.3.1 Beispiel für einen Fragebogen nach McCall [3]

2.1 Die Meßbarkeit von Software

Wie aber messen bei solchen Definitionen. McCall versucht gar nicht, mit Hilfe von „Software-Meßgeräten" diese Werte zu ermitteln. Er hat einen riesigen Fragenkatalog zusammengestellt, mit dessen Hilfe die Software in den einzelnen Phasen beurteilt wird (*Abb. 2.1.3.1*). Aus der Antwort auf diese Fragen wird dann nach bestimmten Verfahren ein Wert errechnet. Eine statistische Bandbreite liefert dann obere und untere Grenzwerte für die Vorhersage.

Sie haben sicher auch das Gefühl, daß diese Methode sehr aufwendig und das Ergebnis doch relativ unsicher ist. Und dessen ist sich auch der Autor bewußt. Schließlich hängt fast alles von der Qualität der Fragen ab. Trotzdem ist dies der erste Versuch mit konkretem Ergebnis, der das Problem der Software-Qualitätsmessung umfassend behandelt. Es gibt noch eine Reihe von Methoden, die bestimmte Teilaspekte behandeln, z. B. die Lesbarkeit oder Komplexität des Codes bei Halstead [4].

Aber eine Methode, die für unseren Anwendungsfall praktikabel wäre, existiert bis heute nicht.

Was wir tun können, ist Wege anzugeben, wie man die Einhaltung der Merkmale qualitativ berücksichtigen und anschließend überprüfen kann. Mehr davon in Abschnitt 3.2.

2.1.4 Ausblick

Ob Software wirklich in physikalischem Sinne meßbar sein wird, ist tatsächlich bis heute unbewiesen. Es laufen sehr viele Anstrengungen, dieses Thema zufriedenstellend zu behandeln. Einfach weil es für viele sicherheitskritische Anwendungen dringend nötig ist. Dies gilt insbesondere für die Luft- und Raumfahrt, aber z. B. auch für die Steuerung von Kernkraftwerken. Verschärft wird das Problem auch dadurch, daß die Wirtschaftlichkeit eine immer größere Rolle spielt. Es wäre schon eine großartige Sache, wenn man sagen könnte, dieses Software-Paket benötigt eine Zuverlässigkeit von 0,95, erreicht wurde durch die Entwicklung 0,96. Man könnte also hier nicht nur sagen, daß das Qualitätsziel erreicht wurde, sondern sogar, daß es auf wirtschaftliche Weise erreicht wurde.

Es bleibt abzuwarten, ob und wann die Bemühungen erfolgreich sein werden. Ob sich Fragebogenmethoden wie bei McCall oder B.W Böhm durchsetzen werden, oder ob wünschenswerte analytische Methoden zum Erfolg gelangen, ist völlig offen. Es ist sogar durchaus möglich, daß man sehr bald zu der Erkenntnis kommen wird, daß es auf dem eingeschlagenen Weg nicht geht. Das würde aber zwangsläufig bedeuten, daß die Software an sich neue Wege gehen müßte. Die bloße Entwicklung der Software 4. Generation, wie wir sie angedeutet haben, reicht dann nicht aus, da ja diese Ergebnisse noch viel undurchsichtiger sind und damit noch weniger meßbar.

Mit etwas „Software-Science-Fiction"-Phantasie könte man sich Strukturen aus kleinen, vollständig geprüften Bausteinen vorstellen. Strukturen, die ähnlich der Hardware-Struktur von Systemen in ihren Auswirkungen aufeinander berechenbar sind. Voraussetzung hierfür wäre dann allerdings die Verwendung von einer Standardprogrammiersprache und einer Standardprogrammierumgebung, da sonst der Aufwand nicht mehr in vertretbaren Grenzen gehalten werden kann. Ein Schritt in diese Richtung könnte durchaus die vom amerikanischen Verteidigungsministerium forcierte Entwicklung der Sprache ADA sein, die nun auch nach Europa ausstrahlt. Aber auch dies kann nur ein erster Schritt sein, und wir werden schon noch einige Jahre nach alter Art zurechtkommen müssen.

Verlassen wir also die Zukunft und wenden uns wieder der rauhen, gegenwärtigen Wirklichkeit zu.

2.2 Software-Engineering und Software-Qualitätssicherung

Wir haben schon angedeutet, daß sich die Software-Qualitätssicherung nur in enger Zusammenarbeit und in technischer Abstimmung oder besser Übereinstimmung mit dem Software-Engineering behaupten kann, um erfolgreich zu sein. Die Problematik beim heutigen Stand der Theorie zur Software-Qualitätssicherung ist die fehlende Meßbarkeit der Qualitätsmerkmale. Gerade deshalb können die Methoden nur greifen, wenn sie sich an die Engineering-Methoden anpassen. Man läßt sich inzwischen eine ganze Menge sinnvoller Überprüfungen einfallen, aber auch darin liegt ein weiteres Problem. Wie kann einerseits garantiert werden, daß die Software die nötige Qualität erfüllt, daß aber andererseits die durchgeführten Maßnahmen auch wirtschaftlich sind? Auch hierfür gibt es noch keine allgemeinverbindlichen Aussagen. Das Beste, was man tun kann, ist, im Laufe verschiedener Projekte Erfahrungen zu sammeln, um sich dem Optimum zu nähern. Wir werden in 2.4 einige Hinweise zur

Wirtschaftlichkeit geben. Ein wichtiger Punkt ist hierbei das Risikoklassenkonzept, wie es zum ersten Mal bei der Zivilluftfahrt zur Anwendung gekommen ist. Die Methode ist charakterisiert durch die Einteilung der Software vor ihrer Entwicklung in bestimmte Risikoklassen und eine entsprechende Abstufung von Qualitätssicherungs-Methoden bei der Durchführung der Entwicklung.

Das Software-Engineering ist, wie wir eingangs erwähnt haben, schon eine einigermaßen bewährte Wissenschaft, die sich eben nur eine Zeitlang nicht sehr um die Überprüfung der Ergebnisse gekümmert hat. Insofern ist das Hinzukommen der Qualitätssicherung nur natürlich. Daß sich die Qualitätssicherung für die Software erst allmählich zu einer selbständigen Disziplin entwickelt, hat auch historische Gründe, die in den typischen Industriestrukturen zu finden sind. Als man die Idee hatte, die Software müßte auch qualitätsgesichert werden, lag es nahe, die traditionell vorhandene Institution der Qualitätssicherung auch mit diesem Thema zu beauftragen. Da man eine Menge Analogien zur Hardware zu sehen glaubte, schien dies auch vernünftig. Dazu kommt noch die Auslastungsproblematik. Die Qualitätssicherungs-Organisationen haben die Software natürlich bereitwillig aufgegriffen, da ja eindeutig zu erkennen war, daß die Hardwareaktivitäten zu Gunsten der Software rückläufig sind (Abb. 2.1). Also genau der richtige Trend, um die Arbeitsplätze zu erhalten. Aber so einfach war das Ganze nicht. Es fehlte und fehlt größtenteils noch heute an allen Ecken und Enden. Man kann nicht einen Elektronik-Qualitätssicherer, weil er schon einmal einen Rechner abgenommen hat zum Software-Qualitätssicherer ernennen. Die Voraussetzung für die Wahrnehmung dieser Aufgabe ist nämlich nicht nur, daß man eine Software-Ausbildung hat, sondern, daß man sich auch in den Techniken des Software-Engineering hervorragend auskennt. Eben weil noch keine fertigen Methoden vorhanden sind. Die Qualitätssicherungsorganisationen sind hoffnungslos überfordert. Sie müssen letztlich unterschreiben, was ihnen die Entwickler vorsetzen oder häufig schlimmer: vormachen. Tun sie es nicht, droht die Firmenleitung, die das fertige Produkt dringend benötigt. Auf diese Weise macht man alles viel schlechter, weil man die Verantwortung für die Qualität der Software von denen wegnimmt, die die Software erstellt haben und sie denjenigen überträgt, die am wenigsten in der Lage sind, diese Verantwortung zu tragen.

Hinzu kommt, daß bei den Qualitätseinheiten im allgemeinen auch die nötigen Resourcen an technischen Geräten, in unserem Fall also Rechnern, fehlen. Und diese für die Qualitätssicherung auch noch zu investieren, ist ganz bestimmt so ohne weiteres nicht wirtschaftlich.

Ab welcher Größe der Software-Produktion sich der Aufbau und Einsatz einer Qualitätssicherungs-Einheit mit allen Kapazitäten (personellen wie maschinellen) rentiert, wollen wir an dieser Stelle nicht untersuchen, da es in unserem Fall nur am Rande interessant ist. Unser Problem ist eher der Einmannbetrieb, sozusagen das andere Extrem. Wir werden im dritten Kapitel, wo wir uns konkret mit der Qualitätssicherung von Personalcomputer-Software befassen, auch diesen Fall genau ansehen. Denn ein Prinzip müssen wir formulieren. „Never test your own program", hat einer gesagt, der es wirklich wissen muß. Es war G. J. Myers, der einen Klassiker zum Thema Test geschrieben hat [2].

Wir müssen diese Aussage noch etwas erweitern: „Führe nie die Qualitätssicherungs-Maßnahmen für dein eigenes Programm durch!" Es hat sich nämlich in vielfältiger Weise gezeigt, daß man für seine eigenen Fehler blind ist. Diese Behauptung, die sicher nicht nur für die Software gilt, hat ihre Gültigkeit in jeder einzelnen Phase der Entwicklung. So zeigt zum Beispiel das unabhängige Überprüfen auch, ob vom Entwickler die Anforderung überhaupt richtig verstanden worden ist.

Das ist praktisch auch die Empfehlung, die wir Firmen geben können, die keine eigene Qualitätssicherungs-Organisation haben oder wo, wie oben aufgezeigt, die Qualitätssicherungs-Organisation gar nicht in der Lage sein kann, die Tätigkeiten wahrzunehmen. Die Lösung liegt darin, unabhängige Teams zu bilden und mit der Spezialaufgabe zu betrauen, die übrigens durchaus gleichwertig mit der eigentlichen Entwicklung zu sehen ist (Myers: Testen ist eine höchst kreative Aufgabe). Diese Teams sollten dann in der Verantwortung der Qualitätssicherungs-Organisation arbeiten. Auch das Hinzuziehen einer Spezialfirma hat sich zum Beispiel in den USA sehr bewährt. In Deutschland ist man diesbezüglich noch nicht so weit.

In unserem Anwendungsfall gehen wir natürlich davon aus, daß keine Qualitätssicherungs-Organisation existiert und wir wollen sehen, wie sich das mit der Unabhängigkeit weitgehend verwirklichen läßt.

Im folgenden wollen wir über den Stand der Technik von Software-Engineering und -Qualitätssicherung berichten. Wir können und wollen an dieser Stelle nicht alle Methoden ausführlich darstellen. Das würde

2.2 Software-Engineering und Software-Qualitätssicherung

den Rahmen des Buches vollkommen sprengen. Unser Ziel ist möglichst umfassend zu sein. Die Erfinder von Methoden, die nicht erwähnt werden, mögen jetzt schon verzeihen. Wenn man sich in bestimmte Details vertiefen will, dann empfehlen wir die Lektüre der Fachliteratur, auf die wir immer wieder verweisen, und die wir im Anhang zusammenfassen und durch weitere Titel ergänzen werden.

Im nächsten Abschnitt befassen wir uns mit den Ideen des Phasenkonzepts, dann werden wir einiges über Planungs- und Kontrollmaßnahmen zu berichten haben und zwar die formalen Seiten des Themas. Auch mögliche Organisationsformen wollen wir streifen, um dann in einem größeren Abschnitt über die Aktivitäten in den einzelnen Phasen zu berichten. Gerade hier wird sich der enge Zusammenhang zwischen Engineering und Qualitätssicherung besonders deutlich zeigen.

Im dann folgenden Teil werden wir einige Mittel zur Durchführung dieser Maßnahmen diskutieren, insbesondere auf die große Bedeutung der Dokumentation hinweisen, die nicht als ein lästiges Anhängsel aufgefaßt werden darf, sondern als das eigentliche nachprüfbare Ergebnis der einzelnen Phasen. Eine Auffassung. die, so selbstverständlich sie erscheint, eigenartigerweise noch nicht sehr weit verbreitet ist.

Ein eigener Abschnitt ist dann noch den Programmiersprachen gewidmet. Die Rolle der Sprachen bei der Erstellung guter Software wird unserer Meinung nach etwas überbewertet, aber die Sprachen, und hier gerade die modernen Sprachen wie PASCAL, können die Arbeit erleichtern, auch wenn sie die Programmierung erst einmal ein wenig komplizierter erscheinen lassen.

Aber jetzt zum Phasenkonzept.

2.2.1 Phasenkonzept der Software

Der Begriff „Phasenkonzept" hört sich erst einmal sehr bedeutsam an. So wichtig dieses Konzept auch für unseren Ablauf ist, so steckt dahinter nichts anderes als die einfache Tatsache, daß die Software-Entwicklung wie jede andere Entwicklung auch, in bestimmten Schritten abläuft. Und dieser Ablauf ist völlig natürlich. Keiner wird einen Hausbau damit beginnen, daß er die Farbe der Küchenfließen festlegt oder daß er die Heizungsrohre zusammenschweißt. Vielmehr wird man nach dem Entschluß zum Haubau erst einmal überlegen, welche Möglichkeiten grundsätzlich im meist vorgegebenen Kostenrahmen realisierbar erscheinen.

Man wird eventuell einige kritische Stellen, zum Beispiel die Art der Heizung, detailliert untersuchen. Im Prinzip wird man also mit einer „Studienphase" beginnen.

Es folgt dann die Phase, in der man verschiedene Lösungswege genauer verfolgt. Es ist dies die Zeit, in der der Architekt verschiedene Entwürfe von Außenansichten und Raumaufteilungen vorschlägt. Schließlich wird man nach dieser „Konzipierung" nicht den schönsten Entwurf, sondern den preiswertesten auswählen, schweren Herzens, weil auch der noch das Budget weit überschreiten wird.

Jetzt erst kann man ins Detail gehen. Aber noch nicht die Pläne entwerfen, sondern die Leistungen für eine Ausschreibung „definieren".

Die glückliche Firma, die den Zuschlag erhält, macht dann die detaillierten „Entwürfe" in Form der Baupläne. Aus diesen Bauplänen werden dann die einzelnen Einrichtungen, Installationen usw. im letzten Detail gezeichnet.

Jetzt erst kann die „Realisierung" beginnen. Die Tätigkeit des Umsetzens der Pläne, des Entwurfs in den eigentlichen Bau.

Danach folgt die Abnahme und schließlich die „Verwendung" des gelungenen Werkes, wo es dann aufgrund von Beanstandungen und Reparaturen sehr nötig sein wird, gute Baupläne und Leistungsbeschreibungen zu haben.

Und ob Sie es glauben oder nicht, die Phasen der Software sind genau die gleichen. Die einzigen Unterschiede bestehen darin, daß nach der Realisierung häufig eine Integration mit der Hardware stattzufinden hat und daß die Fehler bei einem Haus, sprich die Reparaturen im Lauf der Zeit häufiger werden, bei der Software sollten sie jedoch abklingen und schließlich ganz verschwunden sein, was nur eine Frage der Zeit ist.

Noch ein Unterschied: Software ist häufig noch viel teurer als ein Haus, nur sieht man sie nicht. Eine Eigenschaft, die sie angesichts der Kosten für manche besonders unsympatisch macht.

Wie lassen sich die Software-Phasen also definieren?
Beginnen wir mit der Studienphase. Hier wird das gewünschte Produkt grob beschrieben. Es werden die ersten Kostenabschätzungen gemacht, um ein Gefühl dafür zu bekommen, in welchem Rahmen das alles realisierbar ist. Und ein sehr wichtiger Aspekt: Für bestimmte, schwierig erscheinende Teilprobleme werden Durchführbarkeitsanalysen erstellt oder sogar schon Versuchs-Software realisiert, um über die Lösbarkeit

2.2 Software-Engineering und Software-Qualitätssicherung

eines bestimmten Problems Auskunft zu bekommen. Eine Sache, die der Qualitätssicherung besonderes Kopfzerbrechen bereitet, weil man in dieser Phase nicht viel Aufwand betreiben kann, auf der anderen Seite aber die Ergebnisse entscheidend sein können über Erfolg oder Mißerfolg eines Projekts.

Ist die Studienphase beendet, und hat man sich entschlossen, die Aufgabe anzugehen, folgt die Konzeptphase. Man wird sich jetzt Gedanken über die Gesamtlösung machen und möglichst verschiedene Alternativen entwerfen. Diese Alternativen werden dann nach verschiedenen Kriterien beurteilt werden, um schließlich die optimale Variante auswählen zu können. Dabei sollte gerade auch der Qualitätsgesichtspunkt eine wichtige Rolle spielen. Grund genug für die Qualitätssicherung ein wesentliches Wörtchen mitzureden. Schließlich soll sie das Ganze später auch mitverantworten.

Hat man die Auswahl getroffen, kann die Definitionsphase folgen. Dies ist hauptsächlich eine Leistungsbeschreibung des gewünschten Systems. Eine Besonderheit ist wiederum bei Prozeßsystemen zu vermerken. In dieser Phase trennen sich nämlich Software und Hardware. Wir werden hier nur den Software-Zweig weiterverfolgen. Bei der Integration, wie erwähnt, treffen beide Zweige wieder formal aufeinander.

Die erwähnte Leistungsbeschreibung ist ein ganz wesentlicher Punkt unserer Betrachtungen. Nicht nur, daß die gewünschten Funktionen möglichst gut, das heißt widerspruchsfrei, eindeutig und möglichst qualifizierbar beschrieben werden sollten. Auch über alle Randbedingungen und über die Art der Nachweisführung sollte möglichst alles gesagt werden. Außerdem werden wir noch darauf kommen, daß hier der Platz ist, um die Qualitätsmerkmale zu fordern und wenn möglich zu gewichten. Denn die Leistungsbeschreibung soll das verbindliche Dokument zwischen Auftraggeber und Auftragnehmer sein, also Rechtsgrundlage technischer Art für die Entwicklung der Software.

Jetzt wird im allgemeinen der endgültige Auftrag erteilt und die Entwicklung kann beginnen.

Beginnen tut die Entwicklung mit dem Grobentwurf. Da hier fast das ganze System bestimmt wird und die Fehlerkosten mit dem Entwicklungsfortschritt immer höher werden, am höchsten sind sie natürlich dann in der Verwendung der Software, ist es nur recht und billig, auf diese erste Entwicklungsphase ein besonderes Augenmerk zu werfen (sh. Abb. 2.2.1.1). Das Diagramm besagt, daß ein Fehler, der statt in der Verwendung, schon in der Entwurfsphase entdeckt wurde, nur ein Zehn-

2 Grundlagen

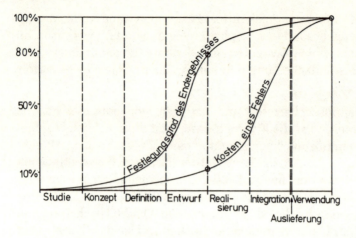

Abb. 2.2.1.1
Festlegungsgrad und Fehlerkosten

tel an Kosten verursacht und daß nach dem Entwurf sich höchstens noch 20 % des Endergebnisses ändern werden. Dies unterstreicht die Bedeutung der Qualitätssicherung in dieser Phase. Aber auch das Engineering hat die Bedeutung gerade dieser Phase erkannt und verwendet eine Menge Gedanken darauf, was man tun kann, um die Qualität des Entwurfs zu erhöhen. Mehr darüber in 2.2.4.

Das Endergebnis des Grobentwurfs ist die Definition der Module und ihrer Beziehung untereinander. Der Begriff des Moduls geistert viel herum und wir sollten ein bißchen Zeit darauf verwenden, zu diskutieren, was es damit auf sich hat.

Die Modularisierung der Software entspringt der überzeugenden Idee, daß ein komplexes Problem dann überschaubar wird, wenn man es in kleine Häppchen aufteilt. Wie es auch eine allgemeine Lebensweisheit ist, daß man, wenn man den Wald vor lauter Problembäumen nicht mehr sieht, am besten eines der Probleme nach dem anderen angeht und schon bald sehen wird, daß sich das meiste in Wohlgefallen auflöst. In der Anwendung auf die Software heißt das: Hat man das Gesamtproblem in solche Module aufgeteilt, wird es wesentlich einfacher überschaubar und die dann kleinen Module eröffnen auch die Möglichkeit eines relativ vollständigen Tests, was, wie wir an anderer Stelle schon erwähnt haben, für die gesamte, große Software absolut unmöglich ist.

Was ist nun ein „Modul". Nehmen wir einfach die Definition, die Gewald, Haake, Pfadler in [1] geben:

„Ein Modul ist eine Gruppe von Programmanweisungen, für die gilt:
● Die Anweisungen bilden eine lexikalische Einheit. Das bedeutet, daß diese Anweisungen auf einer Liste physikalisch zusammen erscheinen.

- Sie werden durch direkt oder indirekt identifizierbare Anweisungen begrenzt (z. B. BEGIN-, END-Anweisung)
- Auf sie wird gemeinsam unter einem Namen (Modulnamen) Bezug genommen."

Soweit das Zitat. Wir möchten noch ergänzen, daß ein Modul sich dadurch auszeichnet, daß es unabhängig bearbeitet, also codiert, übersetzt und dann auch getestet werden kann.

Es fällt auf, daß diese Definition noch keine Aussage über die Qualität von Modulen enthält. Solche Qualitäten könnten sein, die Zuverlässigkeit oder die weitere Verwendbarkeit. Man könnte auch eine bestimmte Größe fordern, die ein Modul nicht überschreiten darf. Aber wir wollen dies bewußt unterlassen, weil wir auf die Qualität über einen ganz anderen Bezug kommen werden. Dann nämlich, wenn wir über die Regeln für die Modulbildung berichten werden.

Das Modul (lt. Duden: das Modul, die Module. Der Modul, die Moduln bezeichnet etwas anderes, um einen alten Streit zu schlichten) ist also die kleinste, selbständig zu bearbeitende Einheit. Die Existenz der Module ist ein wesentlicher Unterschied zur Vorgehensweise der bisherigen Spagetti-Programmierung, wo das Problem durch Hinzunahme immer neuerer Teile in den Code und durch eine beliebige Zahl von dann nötigen Kreuz- und Quersprüngen gelöst wird.

Die folgende Phase ist nun der Entwurf der Module selbst. Man nennt diese Phase auch Moduldesign oder Feindesign bzw. -entwurf.

Hier wird also ganz detailliert festgelegt, wie das Modul im Inneren arbeitet. Und dies soll so gemacht werden, daß die eigentliche Programmierung nur noch ein Umsetzen in den Code ist, was auch eine Maschine machen könnte. Es ist also erklärte Absicht der ganzen Vorgehensweise so spät wie möglich zu programmieren. Warum das Ganze? Der Entwickler soll gezwungen werden, so viel wie möglich nachzudenken, bevor irgendetwas realisiert und damit vorläufig endgültig festgelegt wird. Einflüsse von Änderungen im Entwurf sind so noch einfach und billig zu beherrschen. Fehler können ohne großen Aufwand korrigiert werden.

Diese Aussage steht in großem Gegensatz zu den Versprechungen, die vor allem die berühmten Dialogsprachen machen. Keine Übersetzungszeit, der Computer versteht sofort und setzt alles gleich in die Tat um. Eine gute Sache, aber ein gefährlicher Verführer. Weil man nämlich, und wer könnte sich davon lossprechen, die Problemlösung am Bildschirm mit dem Codieren beginnt. Nach dem Motto: „Mal sehen, was der

Rechner alles kann!" Die Folge sind zwangsläufig die erwähnten Programme, die den Namen des italienischen Nationalgerichts tragen.

Dem unglaublich schnellen Anfangserfolg solcher Programme, steht die schreckliche Ernüchterung in den späteren Phasen gegenüber, vor allem dann, wenn man die Programme warten soll.

Es ist wohl keine Übertreibung zu behaupten, daß die Dialogsysteme zur Software-Entwicklung viel Schuld am berechtigten Unmut von Managern und anderen Betroffenen tragen. Der Entwickler hat vorgeführt, wie unglaublich einfach, flexibel und schnell Software ist, ein Riesenproblem im Prinzip bereits in wenigen Tagen gelöst. Aber was kommt danach? Die Anfangserfolge werden teuer bezahlt. Software-Entwicklung ist harte Entwicklungsarbeit und unterliegt den gleichen Gesetzmäßigkeiten wie jede andere komplexe Entwicklung. Und sie ist keineswegs billig und schnell. Dies soll beileibe keine flammende Kritik an Dialogsystemen sein. Nur die dringende Empfehlung deren Potential richtig einzusetzen.

Einsetzen in der Realisierungsphase. Deren erster Schritt die erwähnte Umsetzung des Feinentwurfs in den Code war.

Auch die Codierung selbst sollte nach bestimmten Regeln erfolgen und hier wie beim Entwurf tritt eine wichtige Qualitätssicherungsmaßnahme in Kraft: Die Überprüfung dieses Teilproduktes. Auf die Überprüfungsphilosophie werden wir gleich zu sprechen kommen. Wir haben jetzt die codierten Module vorliegen und der Code ist vorläufig überprüft. Als nächstes folgt der Modultest. Auf die Wichtigkeit der Unabhängigkeit beim Testen haben wir bereits hingewiesen. Im allgemeinen wird jetzt das Modul durch geeignete Testprogramme so lange geprüft, bis es nach menschlichem Ermessen fehlerfrei ist. Ein wesentlicher Punkt unserer Testphilosophie.

Die Module werden dann Stück für Stück zu dem Gesamt-Software-System integriert. Wenn es sich um ein Prozeßsystem handelt, folgt dann nach der Abnahmeprüfung der Software die Integration von Software und Hardware. Schließlich wird das Gesamtsystem abgenommen.

Es kommt dann eine Erprobung, oder ein sogenannter „field-test" mit ausgewählten Kunden oder gleich die Auslieferung.

In der anschließenden Verwendungsphase der Software treten hauptsächlich die Wartungsaufgaben in den Vordergrund, aber auch die Einbringung von Änderungswünschen oder Ergänzungen. In *Abb. 2.2.1.2* sind die einzelnen Phasen noch einmal dargestellt.

2.2 Software-Engineering und Software-Qualitätssicherung

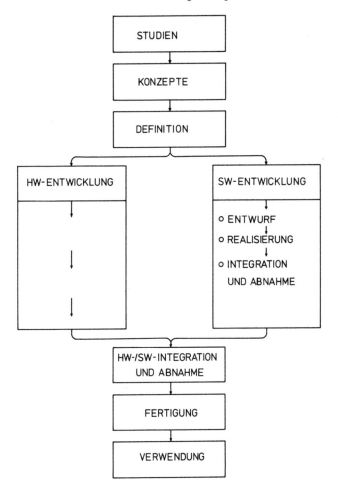

Abb. 2.2.1.2 Phasen der Prozeßsystementstehung

Das Ganze ist doch irgendwie selbstverständlich, wird man vielleicht jetzt sagen. Im Prinzip mache ich das schon immer so. Im Prinzip macht es auch wirklich jeder so. Nur wird häufig gegen dieses Konzept sehr gesündigt. Sieht man einmal vom Extremfall desjenigen ab, der die Entwicklung mit dem ersten Programmbefehl am Bildschirm beginnt; welches sind nun die Hauptsünden gegen das Phasenkonzept? Wir wollen jetzt nicht über technische Fehler gegen die Prinzipien des Software-Engineering reden, die haben nur indirekt mit dem Phasenkonzept zu tun, sondern über die Verfahrensfehler.

37

Fehler Nr. 1: Studien-, Konzeptphase werden ausgelassen, die Definitionsphase wird nicht besonders ernst genommen. Kann man für den Wegfall der ersten beiden Phasen bei der Bewältigung leichterer Aufgaben noch ein gewisses Verständnis aufbringen, so gilt dies keineswegs für die Definitionsphase. Nimmt man die nämlich nicht ernst, hat man nichts Verbindliches zwischen Auftraggeber und Auftragnehmer. Und das bedeutet, daß jeder die Dinge am Ende so auslegen wird, wie es für ihn am besten ist. Und man kann sogar keinem einen Vorwurf daraus machen. Selbst bei bestem Willen auf beiden Seiten, ist mit einer schlechten Definition der Konflikt schon programmiert. Eine Binsenweisheit? Sicher, aber wie oft gibt es gute Definitionen? Wir sollten auch nicht verschweigen, daß es gerade bei der Software verflixt schwierig ist, die Leistung meßbar oder zumindest überprüfbar zu beschreiben. Das hängt natürlich auch mit der fehlenden Software-Qualitätsmeßbarkeit zusammen.

Fehler Nr. 2: Es wird nicht genau genug entworfen. Viel zu früh beginnt man mit dem Codieren, nämlich genau dann, wenn man meint, das gesamte Problem erfaßt zu haben. Die Folgen sind klar.

Fehler Nr. 3: Die Codierung und der Test sind einem Entwickler überlassen, der zwar alles nach bestem Wissen und Gewissen macht, aber ein anderer kann unmöglich die Tätigkeiten nachvollziehen oder das Ergebnis beurteilen. Die Folgen: Mangelhafte Qualität. Fällt der spezielle Entwickler aus, hilft in den meisten Fällen nur eine Neuentwicklung.

Fehler Nr. 4: Aufgrund mangelhafter Dokumentation und mangelhafter Tests ist eine wirtschaftliche Wartung der Software unmöglich, zumal der Entwickler sinnvollerweise bereits wieder in einem anderen Projekt arbeitet.

Fehler Nr. 5: Dieser Fehler ist der Hauptfehler, obwohl die Beanstandung etwas formal klingt: Es ist jedem erlaubt, beliebig in den Phasen vor- und zurückzuspringen. Wann immer der Entwickler bei fortgeschrittener Arbeit erkennt, daß früher etwas falsch gedacht war, z. B. beim Entwurf eine Schnittstelle falsch berücksichtigt wurde, ändert er die entsprechende Stelle eben. Am besten mit Bleistift in seinen Unterlagen, damit man es wieder ausradieren kann, wenn es wieder falsch war. Und er nennt es auch noch Flexibilität. Was wirklich passiert, ist nun das endgültige Chaos. Und leider auch die Charakterisierung der bisher üblichen Vorgehensweise. Der Nachbarentwickler erfährt von der Änderung nichts, obwohl sie sehr wohl Einfluß auf seine Module hat. Er kann sich auch nicht auf irgendeinen Fixpunkt beziehen, weil es einfach kein

2.2 Software-Engineering und Software-Qualitätssicherung

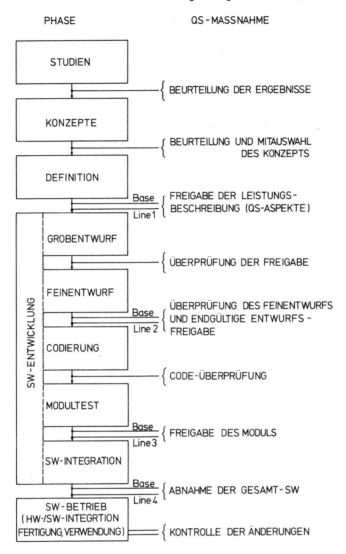

Abb. 2.2.1.3 Qualitätssicherungs-Maßnahmen am Ende der einzelnen Phasen

gültiges Dokument gibt, in dem der Stand verbindlich festgehalten ist. Und am Ende wundert man sich, wenn nichts paßt und nichts funktioniert.

Und das ist der Sinn des Phasenkonzepts und die eigentliche Aufgabe der Qualitätssicherung. Es hilft nichts; um die fünf charakterisierten Fehler zu vermeiden, muß man das Vorgehen formalisieren. Die Kunst dabei ist, die Entwicklung trotzdem nicht schwerfällig zu machen und diesen Teil des Lebens nicht auch noch im Beamtenmuff zu ersticken.

Der Witz der Vorgehensweise besteht darin, die Phasen als verbindliche Teilabschnitte der Entwicklung aufzufassen. So verbindlich, daß sie nicht ohne weiteres wieder abgeändert werden können. Zumindest nicht ohne Information und letztlich Genehmigung der Betroffenen. Genehmigung, weil eine Änderung sehr wohl aus der Sicht eines einzelnen optimal sein kann, aus der Sicht des Gesamtprojekts aber untragbar.

Wir nennen das Festschreiben der Phasenergebnisse „einfrieren" und das Erreichen eines Phasenendes eine „Basislinie". In *Abb. 2.2.1.3* sind die Qualitätssicherungs-Maßnahmen zum Festschreiben des Phasenziels dargestellt. Dabei fällt auf, daß nicht jedes Ergebnis gleich ein Basislinie darstellt. Zum Beispiel erscheint es nicht sinnvoll, den Code einzufrieren, bevor die Module nicht getestet sind. Es ist geradezu ein Normalfall, daß sich der Code aufgrund des Modultests noch einmal ändert. Ein Einfrieren würde die Entwicklung an dieser Stelle unnötig erschweren. Wichtig ist hierbei die Tatsache, daß diese Codeänderungen eben keinen Einfluß auf die Welt außerhalb des Moduls haben. Ergibt ein Test jedoch, daß das Modul falsch konzipiert ist, so handelt es sich um einen typischen Fall, der ein kontrolliertes Verfahren erfordert.

Zu bemerken ist noch, daß die Aufgabe der Qualitätssicherung in der Verwendungsphase darin liegt, zu überwachen und zu überprüfen, daß auch die Änderungen kontrolliert erfolgen, daß z. B. auch hier sichergestellt ist, Auswirkungen auf andere Programmteile überprüft zu haben. Vielleicht würde dann manche Änderung, die anfangs so leicht aussieht, gar nicht realisiert werden.

Das Phasenkonzept steht nun, befassen wir uns jetzt mit den Planungs- und Kontrollinstrumenten.

2.2.2 Planung und Kontrolle

Am besten orientieren wir uns ebenfalls an den Phasen. Damit die Planung nicht nur Zufall durch Irrtum ersetzt, sollte man nie mehr planen, als man eigentlich kann. Zumindest, wo die Voraussetzungen für eine bestimmte Planung nicht gegeben sind, und man aber doch Aussagen machen muß, soll man sich und den Betroffenen die Unsicherheiten bewußt machen.

2.2 Software-Engineering und Software-Qualitätssicherung

Das heißt also, daß man in den einzelnen Phasen die Planung stufenweise verfeinern muß. Was für die Technik von Software-Engineering und Software-Qualitätssicherung gilt, daß nämlich ein enger Zusammenhang besteht, gilt genausogut für die Planung.

Was wird also in der Studienphase geplant? Noch nicht viel. Eine grobe Planung auf beiden Seiten dient hier mehr der Feststellung eines groben Kosten- und Zeitrahmens.

Das gleiche gilt im Prinzip auch für die Konzeptphase. Hier kann die Planung durchaus auch ein Kriterium für die Auswahl einer bestimmten Alternative werden.

Kritischer wird es schon in der Definitionsphase. Hier ist wirklich ein wunder Punkt. Nachdem das Ergebnis der Definition zum Vertragsbestandteil wird, ist natürlich auch die Aussage über Termine und Kosten verbindlich. Wie soll man dies aber genau planen, wenn man die Details der Entwicklung noch gar nicht kennt? Schon hier wird klar, daß man schon bei der Leistungsbeschreibung einigermaßen Klarheit über die spätere Realisierung haben muß. Gedanklich wird hier schon Vieles vom Entwurf vorweggenommen sein. Eine gute Studien- und Konzeptphase kann dabei sehr gut helfen. Wie dem auch sei: Am Ende der Definitionsphase steht ein Entwicklungsplan, der die groben Abschnitte (Phasen) beinhaltet und ein dazu korrespondierender Qualitätssicherungsplan. Dieser beinhaltet neben der eigentlichen Planung auch die Beschreibung der anzuwendenden Maßnahmen. So ist es bei großen Projekten allgemein üblich. Erst nach dem Ende des Grobentwurfs kann die detaillierte Planung der Einzelaktivitäten erfolgen. Jetzt wird nicht nur der Ablauf der Entwicklung und die einzelnen Überprüfungen zeitlich festgeschrieben, sondern in diese Pläne geht auch viel Technik ein, nämlich die Integrations- und Teststrategie. Gemeint ist damit, nach welchem Schema die einzelnen Module integriert und die entstehenden Bausteine getestet werden. *Abb. 2.2.2.1* zeigt Beispiele solcher Strategien. Die Auswahl der Strategie hängt sehr von der Problemstellung ab. Wir werden darauf noch näher eingehen.

Mit den einzelnen Planungstechniken wollen wir uns an dieser Stelle nicht beschäftigen. Bei größeren Software-Projekten ist die Anwendung der Netzplantechnik oft dringend erforderlich, um die einzelnen Zusammenhänge zu erkennen und kritische Pfade im Ablauf zu entdecken. Balkendiagramme reichen für kleine Projekte aus. Dies alles ist aber nicht software-spezifisch.

2 Grundlagen

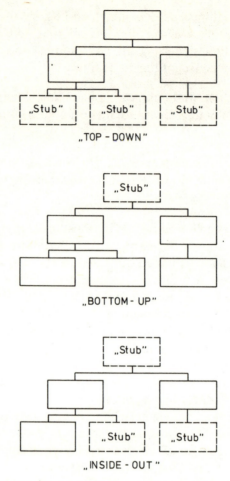

Abb. 2.2.2.1 Beispiele für Integrations- und Teststrategien (nach H. Sneed [6])

Ein bißchen näher wollen wir uns aber die Kontrollmaßnahmen der Qualitätssicherung ansehen. Es gibt hier zwei Kategorien: Einmal die Überprüfung der einzelnen Phasenergebnisse gegen das jeweilige vorherige Ergebnis. Die vorherige Phase beschreibt ja sozusagen die Leistung, die in der nächsten erbracht werden soll. Man nennt diese Überprüfungen Verifikationen. Die andere Kategorie ist die Überprüfung des Gesamtergebnisses gegen die ursprüngliche Anforderung, Validierung genannt. Die beiden Ausdrücke stammen aus dem Englischen, genauer dem Amerikanischen, wo die Überprüfungsaktivitäten mit dem Begriff V&V, Verification and Validation, zusammengefaßt sind. Abb. 2.2.2.2 stellt dies schematisch dar.

2.2 Software-Engineering und Software-Qualitätssicherung

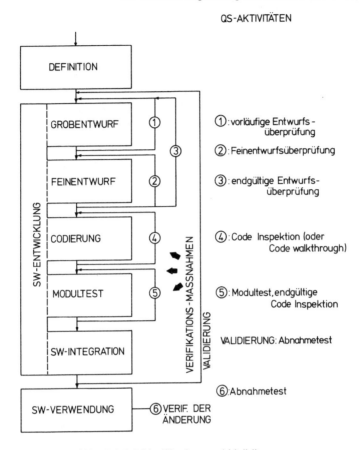

Abb. 2.2.2.2 Verifikation und Validierung

Welches sind nun die einzelnen Aktivitäten. Wir klammern im folgenden die Studien- und Konzeptphase aus. Es würde in diesem Rahmen zu weit führen, diese Phasen im einzelnen zu beschreiben, da sie in unserem Anwendungsfall nur eingeschränkt zum Tragen kommen werden.

1. Verifikation: Es handelt sich um die Überprüfung des Grobentwurfs. Es ist also sicherzustellen, daß der Grobentwurf die geforderten Leistungen befriedigt. Darüber hinaus ist auch zu überprüfen, ob die geplanten Tests den Nachweisverfahren entsprechen und mit dem Entwurf korrespondieren.

Wir sollten vielleicht an dieser Stelle über den Ablauf der Testentwicklung ein paar Worte verlieren. Wir sprechen jetzt von den Testprogrammen für den späteren Modultest und für die Software-Integration. Diese

Tests sind eigentlich ebensogut Programme wie die wirklichen Programme. Da ihre Funktion auch von großer Wichtigkeit ist, müßte man sie genauso behandeln. Das würde aber bedeuten, man bräuchte Tests für die Tests und wiederum Tests für die Tests der Tests. So geht das also nicht. Es bleibt nichts anderes übrig, als bei den Testprogrammen einfach einen Schnitt zu machen. Tests für Tests gibt es nicht. Da steckt natürlich ein gewisses Risiko darin. Vor allem dann, wenn Überprüfungen fehlen oder zu ungenau ausgeführt sind. Deswegen wollen wir Tests auch strengen Qualitätssicherungs-Regeln unterstellen.

Wie sollte die Herstellung der Tests erfolgen? Um die Tests zu entwerfen, benötigt man die Vorgaben aus der Leistungsbeschreibung, insbesondere die Aussagen über die Nachweisführung und natürlich das Wissen über den Grobentwurf. Wobei die Information keine Einbahnstraße sein sollte, vielmehr muß sich auch der Grobentwurf nach den Anforderungen der Tests richten. In diesem Sinne werden die Tests also ebenso entworfen wie die Programme. Anschließend werden sie unabhängig realisiert und kommen schließlich ab dem Modultest zur Verwendung. Und um die Angelegenheit wirtschaftlich zu gestalten, sollte man sie so machen, daß sie auch in der Verwendungsphase, sprich in der Wartung benützt werden können. In *Abb. 2.2.2.3* ist der Ablauf dargestellt.

Zurück zum Grobentwurf. Das folgende gilt nun sowohl für das eigentliche Programm als auch für den Test.

Ergebnis des Grobentwurfs war die Modularisierung der Aufgabe und die Definition der Module. Anhand dieser Informationen wird die Erfüllung der Leistungsanforderung überprüft. Üblicherweise geschieht das in einem sogenannten vorläufigen Entwurfsreview. Mit Hilfe von bestimmten Methoden, manueller oder automatischer Art wird der Grobentwurf auf Vollständigkeit, Widerspruchsfreiheit und auf Erfüllung der Qualitäts-Merkmale überprüft. Die Methoden diskutieren wir in 2.2.4. Bei erfolgreicher Überprüfung wird der Grobentwurf freigegeben, der Feinentwurf kann beginnen.

2. Verifikation: Der Feinentwurf wird auf die Erfüllung der Moduldefinition überprüft. Dies geschieht mit Hilfe des sogenannten kritischen Entwurfsreview. Die beiden Ausdrücke sind übrigens Übersetzungen aus dem Englischen, ein wenig nichtssagend finden wir (PDR = Preliminary Design Review, CDR = Critical Design Review). Man kann sich streiten, wo man die Basislinie zieht, nach dem Grobentwurf oder nach dem Feinentwurf. Beides wird gemacht. Wir wollen uns da auch nicht festlegen. Das eine Argument ist, daß der Entwurf wirklich erst mit dem

2.2 Software-Engineering und Software-Qualitätssicherung

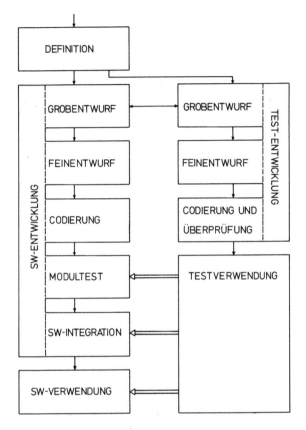

Abb. 2.2.2.3 Einordnung der Testaktivitäten in den Phasenablauf

Feinentwurf abgeschlossen ist, der durchaus noch Änderungen im Grobentwurf bringen kann. Dagegen spricht, daß aus praktischen Gründen keine zeitliche Linie zwischen der Fertigstellung des gesamten Feinentwurfs und dem Beginn der Codierung gezogen werden kann. Zudem ist nach den modernen Engineeringregeln zwischen Feinentwurf und Code kein großer Unterschied. Belassen wir es dabei.

3. Verifikation: Der Code wird daraufhin überprüft, ob der Feinentwurf richtig umgesetzt wurde, und ob die Codierregeln eingehalten wurden. Als Methode hierfür dient im allgemeinen eine Inspektion des Codes, bei der das Programm von einem anderen als dem Codierer überprüft wird. Auch werden hier die Syntaxfehler im Code behoben, so daß das Programm (das Modul) schon einige Male den Übersetzer durchlaufen hat. Bei einem Dialogsystem eine weniger zeitaufwendige Sache, weil man hier gleich an Ort und Stelle korrigieren kann.

4. Verifikation: Der Modultest zeigt, ob das Modul die Funktion auch tatsächlich erfüllt. Außerdem muß der Code noch einmal überprüft werden, da er sich durch den Test im allgemeinen verändert haben wird. Über die Zwitterrolle des Modultests einmal als Integrationshilfe, zum anderen als Abnahmeinstrument werden wir noch zu reden haben. Die häufige Unterscheidung zwischen Entwicklungstest und Abnahmetest ist nämlich alles andere als wirtschaftlich.

Validierung: Dies ist nun der Gesamttest gegen die Leistungsbeschreibung. Also einmal der Funktionsnachweis, im Normalfall durchgeführt mit einem Testprogramm, dann aber auch der Nachweis, daß die Nachweisführung ausreichend war, daß die vorgegebenen Randbedingungen eingehalten worden sind und daß schließlich die Qualitäts-Merkmale erfüllt sind.

Wir haben jetzt den Ablauf des Projektes und die einzelnen Kontrollmaßnahmen beschrieben. Diskutieren wir jetzt noch kurz die Organisation eines solchen Projektes.

2.2.3 Organisation

Es gibt verschiedene Konzepte, ein Software-Projekt zu organisieren. Wir wollen sie nicht im einzelnen beschreiben. Es gibt keine allgemeingültige Organisationsform. Das Optimum hängt von einer ganzen Menge von Einflüssen ab:

- die organisatorischen Gegebenheiten in der Firma
- die personellen Voraussetzungen (z. B. Fachpersonal in der Qualitätssicherung)
- die Projektart (kaufmännisches System oder Prozeßsystem)
- die Projektgröße
- die Ausstattung mit Rechnerkapazität

Bestimmte Prinzipien sollten aber doch eingehalten werden. Sie finden sich in den verschiedenen vorgeschlagenen Formen mehr oder weniger ausgeprägt immer wieder.

1. Prinzip: Ein Software-Entwicklungsteam sollte nicht größer als vier bis fünf Personen sein. Die Aufgaben sollten am besten so verteilt werden, daß abgeschlossene Funktionseinheiten auch in einem Team bearbeitet werden. Ist das Projekt viel größer, empfiehlt es sich, entsprechende hierarchische Zwischenstufen einzubauen. Der Teamleiter eines

solchen Vier- bis Fünf-Mannteams soll aber keineswegs nur managen, er kann auch sehr wohl mitentwickeln, sollte sich selbst aber nicht als voller Entwickler verplanen und möglichst nicht Arbeiten im zeitkritischen Planungspfad übernehmen.

2. Prinzip: Die Tests sollten von unabhängigen, eigenen Teams entwikkelt werden. Diese Testteams brauchen dabei keine Angehörigen der Qualitätssicherung sein. Sie sollten vielmehr auch, aus langfristigen Auslastungsgründen ruhig aus der Entwicklung stammen. Nur sollten die Tests in der Verantwortung der Qualitätssicherung durchgeführt werden. Ob eine „Job Rotation" zwischen Entwickler und Tester günstig ist, kann heute noch nicht abschließend beurteilt werden. Einerseits ist sie gut, um einer drohenden Spezialisierung und geistigen Verarmung entgegenzuwirken, zum anderen zeigt sich immer deutlicher, daß das Testen so eine Art eigene Disziplin werden könnte. Gerade im Hinblick auf die Durchgängigkeit der Tests bis zu den Wartungsprogrammen, könnte so eine Spezialisierung wünschenswert sein.

3. Prinzip: Die Qualitätssicherung muß organisatorisch vollkommen unabhängig von der Entwicklung sein. Dies ist keine softwarespezifische Forderung. Es gibt zwar noch einige Firmen, in denen die Qualitätssicherung der Entwicklung auch organisatorisch zur Entwicklung gehört, aber dieser Mißstand verschwindet immer mehr. Wie soll sie auch ihre Aufgabe anständig wahrnehmen, wenn der, dessen Leistung sie kritisch beurteilen soll, gerade ihr Brötchengeber ist. Auch auf dessen Seite gehört eine ganze Menge Charakter dazu, die Qualitätssicherung unabhängig arbeiten zu lassen. Und wenn es ans eigene Geld geht, ist es mit dem Charakter auch relativ. Mehr allgemeines wollen wir zur Organisation nicht sagen. Im nächsten Abschnitt behandeln wir die mehr oder weniger üblich gewordenen Engineering- und Qualitätssicherungs-Regeln innerhalb der einzelnen Phasen.

2.2.4 Phasenaktivitäten

Die ersten Regeln, die allgemein bekannt wurden, sind die Regeln der strukturierten Programmierung. Diese Regeln sind eigentlich älter als die weltweit übliche Verwendung des Begriffs Software-Engineering. Heute gehören die Regeln der strukturierten Programmierung als selbstverständlicher Bestandteil des Gesamtkonzeptes dazu. Aber auch mit diesen Klassikern ist es beinahe so wie mit dem Anlegen des Sicherheitsgurtes im Auto. Jeder weiß, wie vorteilhaft die Verwendung ist, aber bestimmt weniger als 50 % tun es wirklich. Eine Androhung von Bußgeld erübrigt sich in unserem Falle, die Strafe folgt automatisch und unabwendbar.

Für die Definitionsphase gibt es noch relativ wenig Regeln. Auch die großen Entwicklungswerkzeuge versprechen hier eher für die fernere Zukunft Unterstützung. Da die Leistungsbeschreibung noch wenig formalisiert ist, fällt es hier auch schwer, konkrete Regeln aufzustellen.

Was läßt sich in unserem Rahmen dazu sagen? Beschränken wir uns auf inhaltliche Forderungen. Dies sollte die Leistungsbeschreibung mindestens enthalten:

● Eine möglichst quantitative Beschreibung aller geforderten Funktionen bzw. Aufgaben. Man sollte sich wirklich die Mühe machen zu prüfen, ob eine Quantifizierung nicht doch in irgendeiner Weise möglich ist. Man erleichtert sich die Nachweisführung ungemein.

● Eine möglichst genaue Definition, wie der Nachweis für die einzelnen Funktionen bzw. Aufgaben erbracht werden soll. Diese Abschnitte enthalten vor allem auch die Einigung mit dem Auftraggeber, wie tief die Nachweise zu führen sind.

● Eine Angabe aller Randbedingungen. Dies können Hardware-Randbedingungen sein, wie Verwendung bestimmter Rechner, bestimmter Peripheriegeräte oder Schnittstellen. Oder Software-Randbedingungen, z. B. die Programmiersprache, das zu verwendende Betriebssystem oder aber auch zu verwendende Teile von bereits vorhandener Software. Dies letztere ist ein Problem für sich, nämlich dann, wenn diese Software noch nicht nach den angegebenen Methoden erstellt wurde.

● Wenn möglich, eine Angabe der geforderten Qualitätsmerkmale mit einer entsprechenden Gewichtung.

Wir werden diese Inhaltsforderung uneingeschränkt auch in unser Personalcomputer-Engineering-Konzept aufnehmen. Denn auch in dem Falle, daß es keine vertragliche Auftragsbeziehung gibt, ist die Erstellung so einer Leistungsbeschreibung als Fixpunkt für die Arbeit sehr nützlich.

Welche Rolle spielt die Qualitätssicherung?
Gibt es, wie z. B. bei Prozeßsystemen eine übergeordnete Gesamtbeschreibung, so muß jetzt die Software-Beschreibung auf Erfüllung der Aufgaben und auf Widerspruchsfreiheit überprüft werden. Das gilt nicht nur für die Funktionen, sondern auch für Randbedingungen und Quali-

2.2 Software-Engineering und Software-Qualitätssicherung

tätsmerkmale. Aber auch ohne diese übergeordnete Beschreibung hat die Qualitätssicherung genug zu tun. Sie muß die Widerspruchsfreiheit der Forderungen untereinander, die Vollständigkeit und Durchführbarkeit der geforderten Nachweise und die Verträglichkeit mit Randbedingungen und Qualitäts-Merkmalen überprüfen. Diesen Vorgang nennt man Anforderungsanalyse. Man bedient sich bei dieser Analyse im allgemeinen einer Checkliste. Für unseren Fall werden wir so eine Checkliste aufstellen.

Nach Freigabe der Leistungsbeschreibung folgt jetzt der Grobentwurf. In dieser, wie bereits erwähnt, fast alles entscheidenden Phase setzen die Engineeringregeln mit aller Wucht ein. Es gibt generell eine ganze Menge verschiedener Zugänge zum Grobentwurf, aber mehr oder weniger haben sie alle die Regeln der Strukturierung zum Inhalt. Gehen wir einmal vom funktionsbezogenen Entwurf aus. Erstens, weil er der Ansatz ist, der unmittelbar einleuchtet. Zweitens ist dies gerade in unserem Fall die am

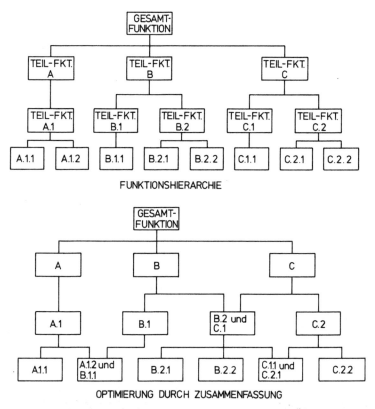

Abb. 2.2.4.1 Blockdiagramm der Funktionen

häufigsten zu verwendende Entwurfsform. Um Sprachverwirrungen zu vermeiden: Wir beschreiben hier beispielhaft in etwa die Methode des strukturierten Entwurfs und werden die anderen Methoden nur erwähnen.

Der Begriff „strukturierter Entwurf" (englisch: composite design) stammt von dem gleichen Herrn Myers, der auch so viel Gutes zum Test geschrieben hat.

Was ist das Prinzip dieser Methode? Man geht von den nach außen hin sichtbaren Funktionen, bzw. der Gesamtfunktion aus und verfeinert dann die Aufgabenstellung schrittweise zu immer elementareren Funktionen. Am Ende steht dann eine Modulliste und eine Darstellung der Zusammenhänge im Sinne: „Welches Modul ruft welches auf?" Man erhält dann diese berühmten Blockstrukturen, wie sie in Abb. 2.2.4.1 beispielhaft dargestellt sind. Wir möchten an dieser Stelle noch auf einen Punkt hinweisen, der für Verwirrung Anlaß bietet. Die Hierarchie der einzelnen Funktionen und die Hierarchie der Module, also die Zuordnung „wer ruft wen" sieht optisch in der üblichen Blockdarstellung völlig identisch aus, muß aber nicht identisch sein. Wir haben versucht ein Beispiel hierfür in Abb. 2.2.4.2 zu geben. Zusätzlich ist hier auch noch der zeitliche Ablauf dargestellt, der sich von der Modulhierarchie ebenfalls unterscheidet. Dies zur Verdeutlichung.

Um auch das noch einmal zu betonen: Wie die Teilfunktionen am günstigsten definiert werden, das ist eine kreative Aufgabe und man sollte sich hier viele Varianten ausdenken, um zu einem optimalen Ergebnis zu kommen. Eine Optimierung sollte auf jeden Fall noch stattfinden. Wir haben das ebenfalls in Abb. 2.2.4.1 dargestellt. Am Ende der Aufteilung sollte man untersuchen, welche Funktionen zusammengefaßt werden können, um zu vermeiden, daß gleiche Teilfunktionen mehrfach entwickelt werden. Man muß also hier besonders gut überlegen, wie man Teilfunktionen verallgemeinern kann. Die Optimierung darf man jedoch nicht zu weit treiben. Folgende Strukturierungsregeln sollten uneingeschränkt gelten (sh. Abb. 2.2.4.3):

● Module unterer Hierarchiestufen dürfen Module höherer Hierarchiestufen nicht aufrufen.

● Module gleicher Hierarchiestufen dürfen sich nicht gegenseitig aufrufen.

● Module aus einem Teilfunktionszweig sollen möglichst nur dann Module unterer Hierarchiestufen anderer Zweige aufrufen, wenn es sich

2.2 Software-Engineering und Software-Qualitätssicherung

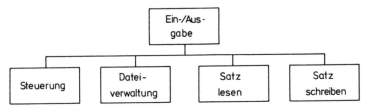

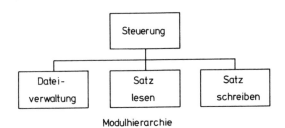

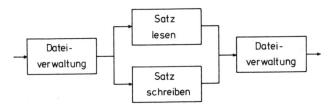

Abb. 2.2.4.2 Funktionshierarchie, Modulhierarchie, Ablaufdiagramm

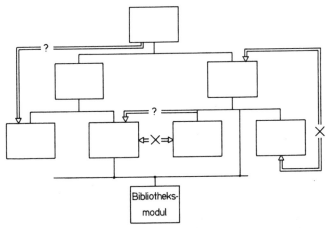

Abb. 2.2.4.3 Strukturierungsregeln für die Modulhierarchie

2 Grundlagen

bei den aufgerufenen um Elementarfunktions- oder sogenannte Bibliotheksmodule handelt.

Wozu diese Regeln? Genauso wie die Regeln der strukturierten Programmierung erhöhen sie die Durchsichtigkeit und Überprüfbarkeit des Produktes, aber auch die Flexibilität, also wirken sich sehr qualitätsfördernd bezüglich verschiedener Qualitäts-Merkmale aus.

Es gibt eine ganze Menge von Varianten solcher Entwurfsstrategien, die den funktionsbezogenen Entwurf betreffen. Eine gute Zusammenstellung findet man bei Gewald, Haake, Pfadler in [1]. Erwähnen sollten wir noch die Jackson-Methode, bei der die Funktion in den Hintergrund tritt. Bei dieser Methode werden die Zusammenhänge von Daten aufgezeigt; die Abbildungen von einer Datenmenge in die andere ergeben dann im Prinzip die Module. Diese Entwurfsmethode ist häufig bei kommerziellen Anwendungen vorzuziehen, bei denen die Verwaltung und Änderungen von Daten die Hauptrollen spielen und nicht so sehr die Abläufe.

Wer sich hier im Detail informieren will, dem empfehlen wir die Lektüre des Erfinders der Methode [7].

Für die Darstellung des Entwurfs gibt es neben der einfachen Blockdarstellung nach Abb. 2.2.4.2 noch eine Reihe weiterer Mittel, die dazu dienen, die logischen Zusammenhänge besser herauszustellen. Wir wollen die folgenden wichtigsten diskutieren:

- Flußdiagramme
- Struktogramme
- Entscheidungstabellen
- Petri-Netze

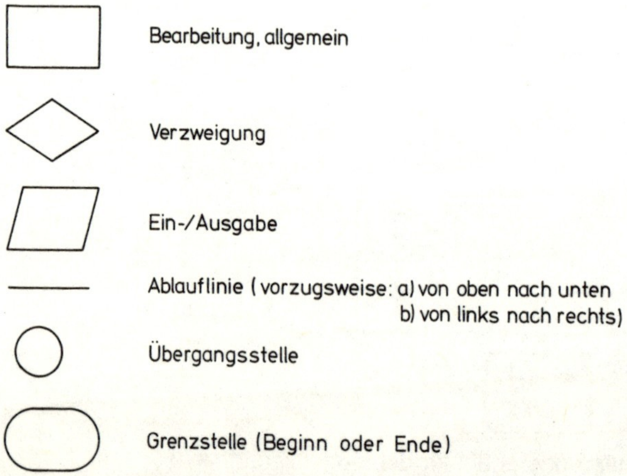

☐ Bearbeitung, allgemein

◇ Verzweigung

▱ Ein-/Ausgabe

— Ablauflinie (vorzugsweise: a) von oben nach unten
                                  b) von links nach rechts)

○ Übergangsstelle

⬭ Grenzstelle (Beginn oder Ende)

Abb. 2.2.4.4
Die wichtigsten Flußdiagrammelemente nach DIN 66 001

2.2 Software-Engineering und Software-Qualitätssicherung

Wie auch hier werden in der Literatur diese Methoden nebeneinandergestellt. Man sollte aber schon einmal feststellen, daß sie für unterschiedliche Ebenen und Anwendungsgebiete verschieden brauchbar sind.

Flußdiagramme sind in allen Abstraktionsebenen recht gut anwendbar mit dem Nachteil, daß sie nicht zur Strukturierung zwingen. Die Struktogramme, die ein Ausweichen von Regeln kaum zulassen, sind mehr für den Modulentwurf gedacht, also für die unterste Ebene. Ebenso wie die

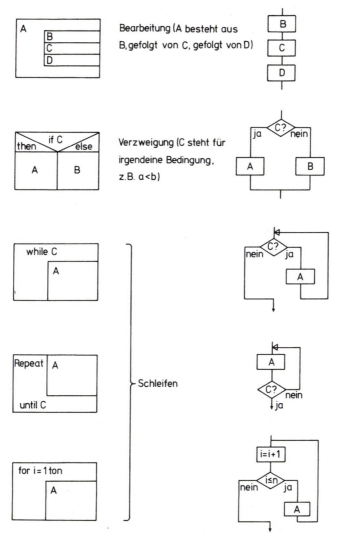

Abb. 2.2.4.5 Struktogrammelemente und deren Darstellung als Flußdiagramm

2 Grundlagen

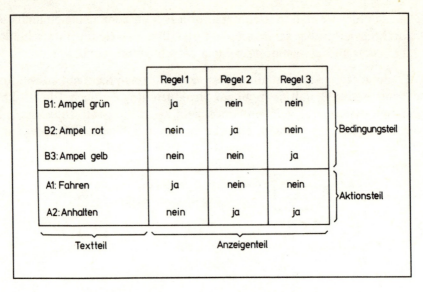

Abb. 2.2.4.6 Entscheidungstabelle nach [1]

Entscheidungstabellen, die günstig für die Darstellung komplexer Bedingungen sind, aber schon dann nicht mehr verwendet werden können, wenn Rücksprünge oder Schleifen nötig sind.

Für die spezielle Problematik von Prozeßsystemen, wo es auf die Synchronisation verschiedener Prozesse ankommt, sind die Petrinetze geschaffen worden.

Die *Abb. 2.2.4.4...2.2.4.7* zeigen Beispiele dieser Darstellungsformen. Für die Darstellung der Technik der Petrinetze empfehlen wir z. B. den Artikel von James L. Peterson [8].

Eine zunehmende Bedeutung für die Darstellung des Modulentwurfs erhalten auch die sogenannten Pseudosprachen. Das sind keine direkten Programmiersprachen, sondern teilweise formalisierte Sprachen, die besondere Rücksicht auf die Strukturelemente nehmen. Gerade im Hinblick auf eine zukünftige Umsetzung des Modulentwurfs direkt durch den Rechner sind solche Sprachen von Wichtigkeit.

Für unsere Anwendungen kommen wohl am ehesten Flußdiagramme oder Struktogramme in Frage. In *Abb. 2.2.4.8* haben wir deshalb die beiden Formen für ein und dasselbe allgemeine Beispiel gegenübergestellt.

Das Ergebnis des Grobentwurfs muß aber neben den Modulzusammenhängen auch noch die exakte Definition der Module sein.

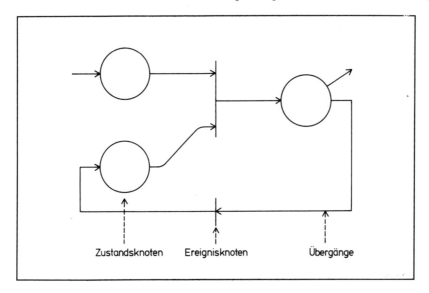

Abb. 2.2.4.7 Elemente der Petrinetze

Und dafür schreibt man im Rahmen des strukturierten Entwurfs ebenfalls sehr harte Regeln vor.

Ein Modul soll nämlich nur einen Eingang, eine wohldefinierte Verarbeitungsfunktion und einen Ausgang haben. Wir wollen also alle versteckten Schnittstellen, sei es durch Daten oder durch Ein- und Aussprünge in und aus der Mitte, nicht zulassen. Der Sinn ist wieder der gleiche, wie wir es schon zu den Grobentwurfsregeln gesagt haben. Die versteckten Schnittstellen sind nämlich Infektionsherde für Fehler, die meistens sehr schwer zu entdecken sind.

Man nennt diese Regel auf deutsch EVA-Regel (Eingang, Verarbeitung, Ausgang) oder auf Englisch: IPO (Input-Process-Output).

Für die Moduldefinition gibt es dann neben dieser grundsätzlichen Regel noch eine Reihe von sinnvollen Regeln und Empfehlungen, die wir nur erwähnen wollen. Sie hängen aber stark mit der Qualität des Entwurfs zusammen und sind auch für die Überprüfung durch die Qualitätssicherung von großer Bedeutung.

● Ein Modul soll nur so groß sein, daß es noch möglichst umfassend getestet werden kann.

● Es soll jedoch eine bestimmte Teilaufgabe allein erfüllen, d. h. bestimmte Funktionen sollten möglichst nicht auf mehrere Module verteilt werden.

2 Grundlagen

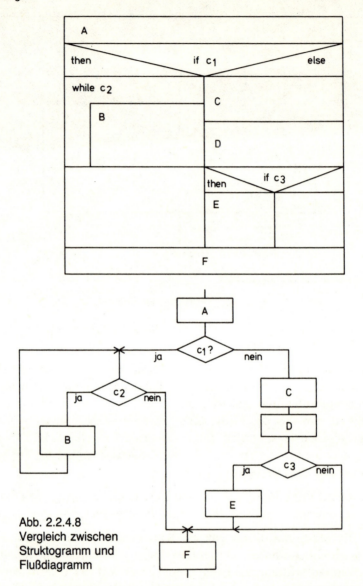

Abb. 2.2.4.8
Vergleich zwischen
Struktogramm und
Flußdiagramm

● Die Schnittstellen zwischen den Modulen untereinander sollten möglichst minimal sein.

● Zugriffe auf Daten sollten immer nur von einem Modul aus durchgeführt werden und es sollte gewährleistet sein, daß ein Modul nur Zugriff auf Daten hat, die es auch benötigt (Prinzip des „Information Hiding", siehe Abb. 2.2.4.9).

2.2 Software-Engineering und Software-Qualitätssicherung

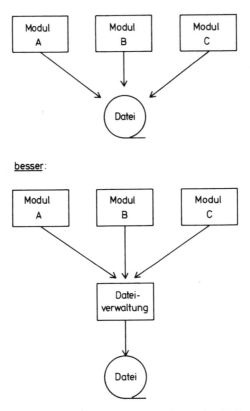

Abb. 2.2.4.9 Realisierung des „Information hiding"
durch ein Zugriffsmodul „Dateiverwaltung"

Man könnte die Liste noch weiter fortsetzen; die wichtigsten Regeln sind jedoch erwähnt.

Für die Qualitätssicherung folgt jetzt die vorläufige Entwurfsreview. Eine Checkliste für diese Überprüfung werden wir im dritten Kapitel vorschlagen. Die modernen Entwicklungswerkzeuge unterstützen zum Teil diese Analyse, indem sie die Vollständigkeit und teilweise die Widerspruchsfreiheit überprüfen. Es wird aber noch einige Zeit dauern, bis diese Werkzeuge perfekt sind. Bis dahin sind manuelle Methoden, wie die Benutzung der Checkliste und die Anwendung des gesunden Menschenverstandes nicht zu ersetzen. Erwähnen sollten wir hier die für die Überprüfung sehr brauchbaren Tabellen, wie sie H. Sneed in [6] vorschlägt zur Beurteilung von Beziehungen und Schnittstellen zwischen Modulen und Funktionen, Modulen untereinander und Modulen mit Daten.

2 Grundlagen

Der Feinentwurf besteht jetzt aus der Umsetzung der Moduldefinition in ein codierbares Ergebnis. Hier vor allem sollten Flußdiagramme, Struktogramme oder Pseudocode zur Anwendung kommen, weil man mit diesen Hilfsmitteln den Feinentwurf vollständig beschreiben kann. Wesentliche Regel ist die Beachtung der Strukturierungsregeln. Wir brauchen diese Regeln eigentlich gar nicht mehr zu beschreiben, sie ergeben sich aus der Darstellungsform der Struktogramme, indem man einfach nichts anderes zuläßt (Abb. 2.2.4.5).

Die Beurteilung des Feinentwurfs ist wieder ein manueller Vorgang, bei dem neben der Erfüllung der Funktion aus der Moduldefinition auch die Einhaltung der Regeln überprüft wird. Hier kann man auch schon überprüfen, ob alle auftretenden (Fehler-)Fälle abgedeckt sind.

Wie bereits festgestellt, ist bei solcher Vorbereitung das Codieren nur noch ein einfaches Umsetzen des Feinentwurfs. Dies sollte möglichst so gemacht werden, daß man die Struktur des Programmes auch optisch erkennt. Hierfür helfen vor allem die modernen Programmiersprachen. Wir diskutieren dies in 2.2.6.

Wir müssen aber auch noch einige allgemeine Regeln für die Codierung aufstellen. Das betrifft einmal die Kommentierung des Codes. Jede Programmiersprache läßt dies zu und man sollte davon ausgiebig Gebrauch machen. Nur so kann erreicht werden, daß zum Beispiel auch ein anderer sich in das Werk einarbeiten kann. Die Kommentare sollen auch aufschlußreich sein. Wenn man zum Beispiel den Befehl $x = x + 1$ mit „X um eins erhöhen" kommentiert, so ist das blanker Unsinn. Besser wäre etwa: „Hochzählen des Index für ... usw." Eine weitere Regel sollte man hierbei auch erwähnen: Die Namen von Variablen und Marken (Sprungzielen) sollten kurz, aber aufschlußreich sein.

Ein Programm (Modul) sollte immer aus drei Teilen bestehen:
- Programmkopf („program header")
- Vereinbarungsteil (Deklarationen)
- prozeduraler Teil (das eigentliche Programm)

Der Programmkopf sollte alle nötigen Randinformationen enthalten; wir werden im dritten Kapitel so etwas konkret vorschlagen. Im Vereinbarungsteil, wenn er nicht wie bei den modernen Programmiersprachen ohnehin gefordert ist, sollten alle verwendeten Größen (Variablen, Felder, etc.) charakterisiert und deren Aufgaben kommentiert werden.

Die Überprüfung des Codes erfolgt nach dem heute üblichen Vorgehen entweder durch den sogenannten „Code Walkthrough" oder die „Code

2.2 Software-Engineering und Software-Qualitätssicherung

Inspektion". Die Methoden unterscheiden sich darin, daß beim Walkthrough, also beim „Durchgehen", der Entwickler anwesend ist, bei der Inspektion gerade nicht. Man kann sich leicht überlegen, worin der Unterschied liegt. Beim einen kann man fragen, beim anderen kann man sich nichts vormachen lassen. Geschmackssache. Die Techniken sind auch sehr verschieden und reichen vom einfachen Überprüfen auf Einhaltung von Regeln und Funktion bis hin zum manuellen Nachvollziehen des gesamten Ablaufs. Zweifelsohne, und das ist auch statistisch nachgewiesen, entdeckt man bei dieser Untersuchung eine ganze Menge von Fehlern, die später viel Ärger bereiten könnten. Besonders wirkungsvoll ist die Methode beim Finden von Fehlern, die keine Syntaxfehler sind, aber trotzdem versehentlich beim Schreiben gemacht wurden. Gerade Assemblersprachen sind für diese Fälle sehr empfindlich, da oft ein Komma etwas ganz anderes bedeutet als ein Strichpunkt oder ein Leerzeichen. Der Strichpunkt bedeutet bei manchen Assemblern zum Beispiel den Beginn eines Kommentares. Ein wichtiger Befehl wird so unter Umständen vom Übersetzer schlicht ignoriert. Berühmt ist das FORTRAN-Beispiel, an dem angeblich die APOLLO-13-Mission gescheitert ist. Ob man es glaubt oder nicht, gut ist das Beispiel auf jeden Fall. DO I = 1,100 sollte es heißen, geschrieben wurde: DO I = 1.100. Das erstere sollte eine FOR...TO-Schleife einleiten (von 1 bis 100), infolge des Fehlers wurde eine Variable namens DOI lediglich mit dem dezimalen Wert 1.1 belegt.

Weil das Beispiel so schön ist, nehmen wir hier gleich was vorweg, was eigentlich in den Abschnitt 2.2.6 über die Programmiersprachen gehört. Es werden nämlich gleich drei Schwächen von Programmiersprachen wie FORTRAN offenbar.

● Würde die Schleifenformulierung anstelle des eigenartigen und schlecht interpretierbaren Kommas FOR I = 1 TO 100 lauten, wäre der Fehler schon gar nicht möglich.

● Wäre der Zwischenraum nicht bedeutungslos, käme das System gar nicht auf die Idee, stillschweigend aus DO I einfach DOI zu machen.

● Und gäbe es schließlich eine Variablenvereinbarung am Programmanfang, würde das System sofort bemerken, daß da was nicht stimmt. Soweit der Abstecher nach 2.2.6.

Wir müssen jetzt eigentlich zum Modultest kommen, sollten aber noch in Erinnerung rufen, daß parallel zur Programmentwicklung gleiches mit der Testentwicklung geschehen ist. Wir haben also auch code-geprüfte Testprogramme vorliegen.

Hier schweigt sich die einschlägige Literatur ziemlich aus. Wir würden empfehlen, wenn irgend möglich zu überprüfen, ob die Tests denn prinzipiell laufen. Sonst ist der Start schwierig und uneffektiv. Eine Regel für die Tests bietet sich auch an. Der Testentwerfer sollte sein Können nicht darin bestätigt finden, daß er möglichst trickreiche Programme entwickelt. Vielmehr sollte sein Ehrgeiz darin liegen, geeignete und vollständige Testdaten zu erfinden. Insbesondere für den Modultest möchten wir daran erinnern, daß auf dieser Ebene so vollständig wie möglich getestet werden sollte, weil das später nicht mehr möglich ist.

Der Test spielt, wie wir schon erwähnt haben, eine Zwitterrolle, einmal als Integrationsmittel für den Entwickler, zum anderen als Mittel für die Qualitätssicherung, für Überprüfung und Abnahme. Dies ist neu, genauso neu wie die Qualitätssicherung in der Software. Welches sind die Unterschiede in der Anforderung an den Test?

Schwerpunkt für die Unterstützung der Entwicklung ist die Lokalisierung von Fehlern, vielleicht auch die Beeinflussung des Testablaufs, um bestimmte Stellen oder Eigenschaften gezielt zu beobachten. Schwerpunkt für die Qualitätssicherung ist die Transparenz des Ergebnisses. Man muß für die Beurteilung erkennen können, ob und wie vollständig getestet wurde, welche Ergebnisse nicht mit der Erwartung übereingestimmt haben und was verbessert werden muß.

Ein allgemeines Ziel einer guten Testentwicklung ist natürlich auch, möglichst viel zu standardisieren, um nicht für jedes Modul einen eigenen Test entwickeln zu müssen.

Wie lassen sich alle diese Forderungen unter den berühmten Hut bringen?

Wie in der Prüftechnik kann man die Hauptfunktionen des Tests folgendermaßen aufteilen:
- die Testablaufsteuerung
- die Eingabedaten
- die Übernahme der Ausgabedaten
- die Testauswertung

Dieses grundsätzliche Schema gilt für alle Arten von Tests, gleichgültig, ob ein Modul, ein Baustein (bestehend aus einer bestimmten Anzahl von Modulen) oder die ganze Software getestet wird (Abb. 2.2.4.10).

Baut man das Ganze so auf, daß man die spezifischen Daten für den Prüfling einbinden kann, so hat man einen hohen Grad von Standardisierung erreicht.

2.2 Software-Engineering und Software-Qualitätssicherung

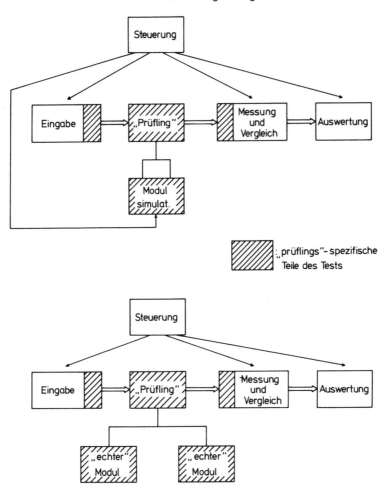

Abb. 2.2.4.10 Testrahmen und Verwendung des Modultests bei „Bottom-up"-Strategie

Unter statischen Tests versteht man alle Überprüfungen, bei denen der Prüfling nicht eigentlich abläuft. Auf diese Weise wird zum Beispiel die Logik des Programms getestet oder das Durchlaufen sämtlicher möglicher Pfade im Programm. Der dynamische Test bezieht sich auf das Verhalten des Programms sozusagen im Echtzeitbetrieb. Wir können hier im einzelnen auf die Verfahren nicht eingehen und verweisen auf die einschlägige Literatur, aber nicht ohne die Feststellung, daß auf dem Testsektor noch viel theoretische Arbeit geleistet werden muß.

2 Grundlagen

Übrigens gilt das Prinzip für beide Arten von Tests, für die sogenannten statischen Tests wie für die dynamischen.

Fassen wir noch einmal zusammen, was überprüft werden sollte, um ein Modul vollständig zu testen:

- die Programmlogik (also möglichst alle Verzweigungen)
- die Robustheit gegen falsche Eingangsdaten
- Rechenfehler und Rundungsfehler
- die richtige Reaktion des Moduls auf Fehler

Erst wenn die Module zur Zufriedenheit der Qualitätssicherung abgenommen und eingefroren sind, dürfen sie integriert werden. Warum, haben wir bereits ausgeführt.

Für diese Integration gibt es nun eine Reihe von Strategien. Schlagworte, die diese Strategien bezeichnen und sich größtenteils von selbst erklären: Top-Down, Bottom-up, Inside-Out, Outside-In, Hardest first usw. Jeder Anwendungsfall hat bestimmt seine eigene optimale Strategie. Ein Gesetz sollte man aber nie verletzen:

Man soll nie zwei ungetestete Teile zusammenbringen.

Oft erscheint es leichter, Funktionen, die zusammengehören oder sich gegenseitig benötigen, gleich zusammen zu testen. Dies rächt sich immer in der Unmöglichkeit, die Fehler wirklich zu finden bzw. sie einfach zu lokalisieren. Das hängt wieder mit der Größe der entstehenden Einheiten zusammen.

Aus der Sicht der Tests ist übrigens die Bottom-up-Strategie vorzuziehen. Auf diese Weise ist nämlich der Test für den jeweils hierarchisch höchsten Modul zugleich der Test für den ganzen Baustein. Man spart sich die manchmal recht aufwendigen „Stubs", die Platzhalter oder Simulatoren für noch nicht eingebundene Teile (Abb. 2.2.4.10).

Auch die Validierung der Gesamtsoftware kann im Prinzip die beschriebenen Testprogramme nutzen. Hier müssen vielleicht zusätzliche Anforderungen an Testdaten und Auswertung gestellt werden.

Zum Abschluß noch ein paar Bemerkungen über den Ablauf von Wartung und Änderungen in der Verwendungsphase.

Es sind dies eigentlich immer kleine Entwicklungen. Die besondere Schwierigkeit ist, daß sie von Personal durchgeführt werden müssen, das von der Entwicklung nicht mehr viel oder gar nichts weiß. Werden aber die Regeln, die wir beschrieben haben, eingehalten, begleitet von einer entsprechenden Dokumentation, ist das Problem schon halb gelöst. Wichtig ist auch hier, daß Änderungen, und seien es nur Fehlerbehebungen, nicht unkontrolliert erfolgen. Vor allem sollten, wenn möglich, die Betroffenen über mögliche Auswirkungen einer bestimmten Lösung befragt werden. Gerade bei Großprojekten nimmt das Thema Wartung und Konfigurationsmanagement der Software einen erheblichen Raum ein. Wir wollen dies aber hier nicht vertiefen.

Im nächsten Abschnitt sprechen wir über die Rolle der Dokumentation.

2.2.5 Dokumentation

Viele Autoren geben allgemeine Regeln für den Inhalt der Dokumentation. Wir wollen das hier nicht tun. Wir werden im dritten Kapitel für unsere Anwendung eine Minimaldokumentation vorschlagen. Viel wichtiger erscheint uns, den Sinneswandel zu beschreiben, den die Engineeringerfinder in jüngster Zeit durchgemacht haben. Noch in gar nicht allzu alten Werken tritt die Dokumentation als die abschließende Phase der Entwicklung auf. Und diese Beschreibung entspricht auch dem heute noch weitverbreiteten Brauch oder man sollte besser der Unsitte sagen. Da wird zusammengekramt, was man so an Handgekritzeltem noch finden kann, und lustlos in die geforderte Form gebracht. Nur sehr gewissenhafte Entwickler prüfen, ob der schließlich vorläufig endgültige Code mit der Dokumentationswirklichkeit übereinstimmt. Was so erzeugt wird, ist nutzlos, die Arbeit hätte man sich sparen können.

Den wesentlichen Unterschied in der Auffassung haben wir schon angedeutet. Man kann es etwas übertrieben so ausdrücken: Die Dokumentation *ist* die entstandene Software. Nicht ganz so überspitzt kann man die Dokumente als das wesentliche und verbindliche Ergebnis auffassen. Und zwar das Ergebnis der einzelnen Phasen. Und nur dieses ist gültig; die Dokumente sind die Informationsbörse für die verschiedensten Zwecke:

● Für den Entwickler ist sie das beste und einzig verbindliche Kommunikationsmittel, sozusagen der Bezugspunkt.

● Für die Qualitätssicherung stellt sie die Unterlage für die Überprüfungen und letztlich Abnahmen dar.

● Für die Projektmanager ist sie die beste Möglichkeit für die Kontrolle des Projektfortschritts.

2 Grundlagen

Beim Umfang der Dokumentation und bei den heutigen Rechnermöglichkeiten liegt es nahe, die Dokumente rechnergestützt zu erzeugen und zu führen. Man braucht im Prinzip dazu nicht viel mehr als ein einigermaßen gutes Textsystem und die Möglichkeiten einer einfachen Datenbank. Die Werkzeuge zur Dokumentationsunterstützung erleben gerade einen heftigen Boom. Mehr davon in Abschnitt 2.3.

Ob und ab welcher Rechnergröße in der Personalcomputer-Anwendung die Dokumentation rechnergestützt geführt werden soll, läßt sich vielleicht so allgemein nicht sagen. Anzustreben ist es auf jeden Fall, vor allem dann, wenn man die Entwicklung kommerziell betreibt. Man muß auch nicht gleich alles auf dem Rechner machen, der Beginn einer Versionsführung von Dokumenten und Programmen ist sicher schon ein guter und nützlicher Anfang.

Wie sollte die Dokumentation selbst beschaffen sein. So strenge Regeln wie bei der Codierung lassen sich natürlich nicht aufstellen. Vieles ist hier Klartext und daher ein wenig individualistisch. Aber gewisse Grundsätze sollten dennoch gelten. Zum Beispiel ist es sehr wertvoll, wenn man sich auf ein einheitliches Numerierungssystem einigt, dann findet man unter der gleichen Positionsbezeichnung auch jeweils die gleichen Inhalte. Lieber läßt man in bestimmten Anwendungen Leerpositionen. Dies kann auch für den Personalcomputer-Anwender sehr nützlich sein.

Für die Qualität der Dokumentation gibt es ähnlich wie bei der Software selbst auch Merkmale. Merkmale, die ebenfalls untereinander konkurrieren können. Diese Merkmale sind:

- Vollständigkeit
- Übersichtlichkeit
- Verständlichkeit
- Genauigkeit
- Änderbarkeit

Die Vollständigkeit ist klar. Die Übersichtlichkeit bezieht sich auf den Aufbau. Das erwähnte Numerierungssystem kann hierzu beitragen. Verständlichkeit erfordert vor allem bei der Benutzerdokumentation das Wissen um den Ausbildungsstand der Leser. Ein schlüsselfertiges System für eine Hochregallagersteuerung wird nicht von Software-Spezialisten bedient. Die Genauigkeit steht oft in starkem Gegensatz zur Verständlichkeit. Eine Optimierung beider Kriterien benötigt häufig die Eigenschaften eines Hoimar v. Ditfurth.

Die Änderbarkeit ist so etwas ähnliches wie eine Modularisierung der Dokumentation. Für die spätere Verwendung der Software kann eine

2.2 Software-Engineering und Software-Qualitätssicherung

schlechte Änderbarkeit teuer zu stehen kommen, und zwar an einer Stelle, wo man hohe Kosten nicht mehr erwarten würde.

Wir wollen es bei der Dokumentation erst mal beim Gesagten belassen. Konkreter werden wir für unsere Anwendung.

2.2.6 Die Rolle der Programmiersprachen

Programmiersprachen werden uns hier ausschließlich unter dem Qualitätsaspekt interessieren. Die zweite Dimension, nämlich die Anwendungsbereiche, sind eigentlich nicht unser Thema. Wir haben in einem Diagramm versucht, einige wichtige Programmiersprachen einzuordnen. Die Breite der Balken spiegelt in etwa auch die Anwendungsbreite wider, wobei der Aspekt von Spezialsprachen nicht berücksichtigt ist (*Abb. 2.2.6.1*). Im Trend der Zeit stehen die modernen Sprachen ganz oben. Was zeichnet diese Sprachen nun gegenüber den herkömmlichen aus? Was bedeutet es, wenn man sagt, sie würden die Qualität der Software erhöhen? Im Prinzip ist es so, daß hohe Software-Qualität nicht eine Frage der Programmiersprache ist, sondern eine Frage des Aufwandes, den man treibt. Und den helfen die neuen Sprachen wirklich zu minimieren. Wie machen sie das?

Erst einmal durch die strenge Verwendung von Strukturelementen und der Blockstruktur (Einschluß eines logischen Blocks zwischen BEGIN und END-Befehl).

Übrigens versteht sich aus der Strukturierung die grotesk wirkende Forderung, daß Programmsprünge, also GO TO's in einer guten Software nichts zu suchen haben. Man fragt sich da erst einmal, wie man dann überhaupt programmieren soll. Gemeint ist die Regel nach ausschließlicher Verwendung der Strukturelemente gemäß Abb. 2.2.4.5. Natürlich geht das bei „alten" Sprachen überhaupt nicht. Trotzdem kann man mit allen Sprachen die Strukturelemente realisieren. Wir werden das im Falle der verpönten Sprache BASIC noch sehen.

Der zweite wesentliche Faktor ist die Wiedereinführung des Zwanges, alle Variablen und Felder zu deklarieren. Wie hat man sich doch bei FORTRAN und BASIC gefreut, daß diese lästige und überflüssige Vereinbarung entfällt. Ein Computer müßte doch so schlau sein, zu merken, wann eine neue Variable kommt. Ist er auch. Aber er kann nicht merken, wenn man sie falsch, mehrfach oder irrtümlich verwendet oder ihr einen

2 Grundlagen

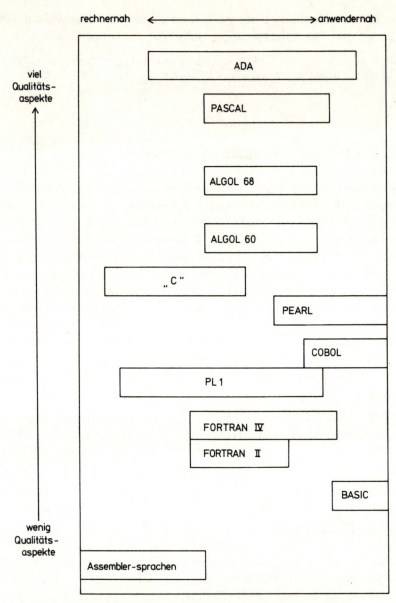

Abb. 2.2.6.1 Qualitätsrangordnung von Programmiersprachen

falschen Namen gibt. Es sei denn, sie ist vorher vereinbart. Und die Vereinbarung eines Datentyps wie bei ALGOL, PASCAL und ADA gibt noch zusätzliche Sicherheit. PASCAL und ADA gehen noch weiter. Ein typischer, schwer zu entdeckender, gefährlicher und häufiger Fehler ist zum Beispiel die Überschreitung von Indexgrenzen in Feldern. Gefährlich, weil dann im Programm etwas überschrieben wird, was bestimmt nicht überschrieben werden sollte. Nach den Gesetzen von Murphy nämlich die Stelle, bei der garantiert der größte Schaden angerichtet wird. PASCAL schützt sowas durch die Vereinbarung automatisch. Das aufwendige, immer nötige Formulieren der Abfrage des Index vor dessen Benutzung entfällt. Ist das vielleicht nichts?

Man kann fast behaupten, je einfacher in einer Sprache die Aufgaben zu formulieren sind, desto höher auch der Qualitäts-Aufwand. Insgesamt wird sich also die etwas höhere Kompliziertheit von Sprachen wie PASCAL sehr bezahlt machen. Mit ein Grund dafür, warum gerade auch bei Personalcomputer-Systemen PASCAL sehr im Vormarsch ist. ADA ist ein neues Schlagwort am Horizont. Die Sprache wird derzeit im Auftrag des US-Verteidigungsministeriums entwickelt. Die Besonderheit neben der Konsequenz mit der sie vorangetrieben wird, ist die Tatsache, daß mit der Sprache auch Compiler und die ganze Software-Umgebung, also Betriebssysteme und Hilfsprogramme festgeschrieben werden. Ein Beweis dafür, wie ernst man die Software-Krise nimmt und ein Schritt in die richtige Richtung. ADA ist speziell auch für die Entwicklung von Prozeßsoftware gedacht, auf dem Gebiet, auf dem PASCAL große Schwächen hat. ADA in der Verwendung auf Personalcomputern ist allerdings wegen der umfangreichen Forderungen noch ziemliche Utopie (ADA ist übrigens kein Kunstwort, sondern der Vorname der ersten weiblichen Software-Entwicklerin. Ob's stimmt?).

In unserem Beispiel wählen wir wie erwähnt PASCAL und BASIC. Das paßt gleich zweimal gut. Erstens sind dies wohl die weitest verbreiteten Sprachen in Personalcomputer-Systemen, zum zweiten stellen sie bezüglich der Qualitätsforderungen zwei Extreme dar. PASCAL, etwas kompliziert und schwerfällig im Umgang, dafür solide. BASIC, praktisch und schnell zu realisieren, aber gefährlich.

Im nächsten Abschnitt befassen wir uns kurz mit den Software-Werkzeugen.

2.3 Software-Tools

Die Unterstützung der ingenieurmäßigen Software-Entwicklung durch Werkzeuge, also auch durch Computerprogramme, ist beinahe so alt wie das Engineering selbst. Anfangs hat man auch hier punktuell begonnen, hat versucht, z. B. die strukturierte Programmierung zu unterstützen durch optische Darstellung der Programmstruktur (was inzwischen bei modernen Sprachen automatisch geschieht) oder durch verschiedene Hilfsmittel, die Tests effektiver zu machen. Auf diese Weise sind natürlich Tausende von verkäuflichen Werkzeugen entstanden. Die meisten stammen aus dem Versuch, eine projektspezifische Lösung zu verallgemeinern, um sie vermarkten zu können, um wenigstens einen kleinen Teil der Kosten wieder hereinzuspielen. Aus diesem Grund haftet diesen Tools größtenteils der Makel ihrer früheren Spezialisierung so deutlich an, daß sie für einen breiten Einsatz nicht besonders tauglich sind. Es ist sehr mühsam, aus diesem Angebot brauchbare Werkzeuge herauszufinden.

Ähnlich gelagert ist das Problem mit den Testwerkzeugen, also allen Programmen zur Unterstützung der Tests von Software. Auch hier ist projektspezifisch zwangsläufig eine Unmenge entstanden. Vor allem aber bei den Testtools fehlt noch weitgehend die theoretische Grundlage für eine wirkungsvolle Verallgemeinerung. Wir wollen uns aus diesem Grunde nicht weiter mit diesen Tools befassen. Es gibt hierüber ein sehr aufschlußreiches Buch, ein „Tutorial", das über den Stand der Aktivitäten sehr breit informiert [9].

Ein bißchen kann man noch Sophistik betreiben über den qualitätsfördernden Wert der Tools. Wie gut ist die Qualität der Programme, die irgendwie mit Hilfe von Tools entstanden sind, deren Qualität wiederum keineswegs in vorgeschlagener Weise sichergestellt wurde? Man tendiert heute dazu, nur Tools zuzulassen, die ebenfalls den Engineering- und Qualitätssicherungs-Verfahren unterstellt waren. Ein wichtiges Argument gegen die Verwendung vieler, unterschiedlicher und immer neuerer Tools.

Immer mehr an Bedeutung gewinnen die Tools, die den Entwicklungsgang als Ganzes unterstützen. Diese Entwicklungen reichen nicht viel mehr als fünf Jahre zurück (mit einer Ausnahme) und man muß sagen, daß ein wirklich ausgereiftes und bewährtes System noch nicht vorhanden ist, obwohl sich schon einige im Einsatz befinden. Auch die Aspekte der Qualitätssicherung sind in diesen Tools noch kaum berücksichtigt, wenngleich sie auch für solche Aufgaben häufig Unterstützung bieten. Dafür ist die Software-Qualitätssicherung einfach noch zu jung. Wir werden im folgenden einige wichtige Entwicklungstools vorstellen und einen kleineren Abschnitt auch den Tools für die Unterstützung der

2.3 Software-Tools

Dokumentationserstellung widmen, Werkzeuge, die für die Bewältigung der Dokumentation vor allem größerer SW-Projekte unentbehrlich sind, auch wenn man dies erst in jüngster Zeit erkannt hat.

2.3.1 Entwicklungstools

Das umfassende Werkzeug für *alle* Phasen existiert noch nicht. Die modernen Werkzeuge orientieren sich jedoch am Phasenkonzept. Der Schwerpunkt fast aller Systeme liegt auf der Entwurfsphase, zweifelsfrei der wichtigsten Phase.

Als erstes wollen wir ein System vorstellen, das ursprünglich gar kein rechnergestütztes ist. Es heißt SADT (Struktured Analysis and Design Technique). SADT ist ein lizenzpflichtiges, manuelles Verfahren zur Unterstützung eines strukturierten Entwurfs. Es bedient sich grafischer Mittel und ist daher leicht erlernbar und gut zu interpretieren. Das Grundelement von SADT ist ein sogenannter Tätigkeitskasten (sh. *Abb. 2.3.1.1*). Von links werden die eingehenden Daten beschrieben, nach rechts die durch die Tätigkeit erzeugten, ausgehenden Daten. Von oben kommen die Steuer- oder Kontrollelemente, z. B. auch die die Tätigkeit auslösenden Ereignisse. Die mit „Mechanismus" bezeichnete Größe von

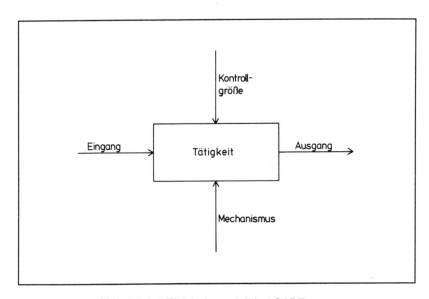

Abb. 2.3.1.1 Tätigkeitsmodell bei SADT

unten beschreibt externe Voraussetzungen zur Erfüllung der Tätigkeit, z. B. auch benötigte Datenmengen.

Der Entwurf mit Hilfe von SADT ist ein strenger Top-Down-Vorgang. Dies bedeutet, daß man mit einem ersten Kasten die Gesamtaufgabe beschreibt und diese Beschreibung durch stufenweise Verfeinerung, also Beschreibung einzelner Kästen durch weitere SADT-Diagramme detailliert. Ein Beispiel zeigt *Abb. 2.3.1.2.*

Der Vorteil von SADT liegt in der strengen Strukturierung des Entwurfs, in der relativ guten Analysierbarkeit und der Möglichkeit, sehr viele Zusammenhänge darzustellen. Die Beschreibung von Datenmengen ist nicht ohne weiteres möglich. Dafür bietet SADT jedoch die Möglichkeit, durch Umkehrung des Sinns von Kästchen und Pfeilen die Daten als Kästchen und die Tätigkeiten als Pfeile aufzufassen.

Mit Hilfe grafischer Möglichkeiten läßt sich dieses manuelle Verfahren relativ leicht auf Rechner implementieren. Und genau dies ist die Basis verschiedener Werkzeuge wie z. B. „PASILA-SADT" von Triumph-Adler. Dieses Entwurfswerkzeug ist eingebettet in ein Gesamkonzept mit Namen PLASMA, an dem derzeit gearbeitet wird. Es ist das wohl am weitesten fortgeschrittene Werkzeug, das *alle* Phasen umfassen soll und auch schon die Qualitätssicherungsaspekte berücksichtigt.

Optisch etwas anders stellt sich das System EPOS der Universität Stuttgart dar. Es handelt sich hier um ein *prozeß-orientiertes* Entwurfssystem, das derzeit kurz vor der eigentlichen Codierung haltmacht. Es besteht im augenblicklichen Zustand aus den Komponenten EPOS-R, EPOS-S, EPOS-A und EPOS-D.

EPOS-R: Unterstützung der Anforderungsphase (*Requirement*). In einer Mischung aus freiem Text und festen Begriffen werden die Anforderungen beschrieben.

EPOS-S: Unterstützung der Entwurfsphase (*Spezifikation*). Der Entwurf wird auch streng „Top-Down" gelenkt. Ausgehend von einer allgemeinen Beschreibung wird stufenweise verfeinert bis hin zur codierbaren Einheit (Modul). Die Sprachelemente solcher Entwurfseinheiten sind in *Abb. 2.3.1.3* dargestellt.

EPOS-A: A steht für *Analyse*. Mit diesem Instrument kann der Entwurf analysiert werden in bezug auf Widerspruchsfreiheit und auf Erfüllung der Anforderungen.

EPOS-D: Ein Hilfsmittel zur *Dokumentation* des Ergebnisses. Es besteht die Möglichkeit, Entwurfselemente in Form von Struktogrammen, Fluß-

2.3 Software-Tools

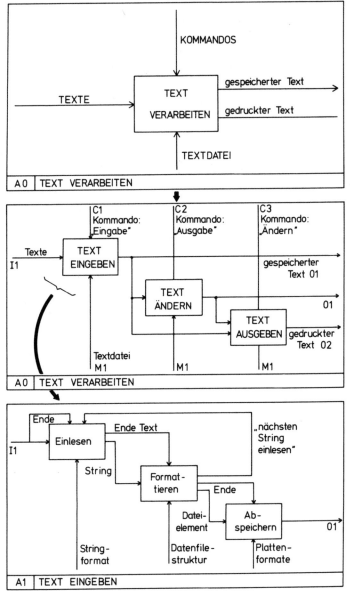

Abb. 2.3.1.2 Stufenweise Verfeinerung mit SADT-Diagrammen

diagrammen oder Petrinetzen auszugeben (so man über einen Plotter verfügt). Ein sehr hilfreiches Instrument zur Darstellung der Ergebnisse.

Codegeneratoren für PEARL, PASCAL und später ADA sind in Vorbereitung, ebenso ein System EPOS-M (wie Management, zur Unterstützung von Planung und Kontrolle von Projekten).

2 Grundlagen

ACTION:	Name des Bausteins
DESCRIPTION:	(zeigt den Beginn des Beschreibungsteils an)
PURPOSE:	Aufgabe des Bausteins
NOTE:	Raum für Bemerkungen
TEST:	Hinweis auf Tests oder Testdaten
DATE:	Datum
FULFILS:	Hinweis, welche Anforderungen (aus EPOS-R) mit diesem Baustein erfüllt werden
DESCRIPTION END:	(Ende des Beschreibungsteils)
DECOMPOSITION:	Hinweis auf die nächste Verfeinerungsstufe, also auf die Bausteine der nächsten Hierarchiestufe
TRIGGERED:	auslösendes Ereignis für diesen Baustein
INPUT:	Eingangsdaten
OUTPUT:	Ausgangsdaten
REALISATION:	Hinweis auf Programmiersprache o.ä.
PROCESSED:	Hinweis auf Rechner o.ä.
ACTION END:	(Ende der Bausteinbeschreibung)

Abb. 2.3.1.3 Sprachelemente für die Beschreibung eines Entwurfsbausteins bei EPOS-S

Kurz erwähnen möchten wir noch das System PSL/PSA. Die Abkürzungen stehen für *Problem Statement Language* und *Problem Statement Analyzer*. Dieses System aus den USA (Universität Michigan) besteht also aus einer Beschreibungssprache für die Anforderung und einem Anforderungsanalysator. Der Beginn der Entwicklung reicht schon in das Jahr 1968 (!) zurück. Man kann also guten Gewissens behaupten, daß es sich so ziemlich um das erste System dieser Art handelt.

Wie bei allen anderen Tools wird das (Software-)System bei PSL durch *Objekte* und *Relationen* zwischen diesen Objekten beschrieben. Es gibt 22 verschiedene Objekttypen und 55 verschiedene Relationen. Durch diese Festlegungen ist es dem Analysatorteil (PSA) möglich, sehr intensiv die Anforderung zu beurteilen oder z. B. Änderungen der Anforderung zu kontrollieren. Insgesamt ist PSL/PSA jedoch ein sehr aufwendiges System und wohl nur für große Projekte geeignet.

Weitere Entwicklungssysteme:
BOIE: Ein baumorientiertes, interaktives Entwurfswerkzeug der PSI, gefördert vom BMFT mit folgenden Eigenschaften:

- Interaktiver Entwurf zur Darstellung von Systemkomponenten, Datenbeziehungen, Ablaufplänen und Pseudocodes

- Analyse der Baumstruktur (Hierarchie)

- Unterstützung bei der Codierung

CAMIC: Speziell für Mikroprozessorsysteme entwickeltes Werkzeug, das auf einem sogenannten Gastrechner (*Hostcomputer*), z. B. einem Prozeßrechner, abläuft und Code sowie Testhilfen für den Zielrechner (*Targetcomputer*), also das Mikroprozessorsystem, erzeugt.

Selbstverständlich lassen sich mit diesen Kurzbeschreibungen die einzelnen Systeme nicht vollständig verstehen. Wir verweisen hierfür auf die Literatur der jeweiligen Hersteller. Leider ist keines der vorhandenen Systeme für die Personalcomputer-Anwendung verfügbar, so daß wir uns vorerst mit manuellen Methoden begnügen müssen.

2.3.2 Dokumentationstools

In dem Maße, wie die Dokumentation als Ergebnis der einzelnen Phasen an Bedeutung gewinnt, liegt es nahe und wird es auch nötig, die Erstellung und Verwaltung der Dokumentation computergeschützt zu betreiben. Genauso wie heute kein Vielschreiberbüro ohne Textautomaten wirtschaftlich arbeiten kann. Welche Aufgabe hat nun so ein Dokumentationswerkzeug?

- Unterstützung bei der Erstellung der Dokumente
- Speichern aller Dokumente (auch Code)
- Führung der Änderungen, Versionskennzeichnung
- „Einfrieren" abgenommener Dokumente
- Bereitstellen von Projektinformation für Management, Entwicklung und SW-QS

Im Prinzip muß es sich also um ein Textsystem, kombiniert mit einem Datenbanksystem, handeln, das entsprechende Benutzerfunktionen bietet.

Das bekannteste System ist derzeit wohl PET/MAESTRO, das schlüsselfertig mit entsprechender Hardware (also mit Rechner) geliefert wird. Aber inzwischen existieren auch schon Software-Systeme, zum Teil eingebettet in allgemeine Entwicklungssysteme.

Auch hier gilt jedoch für die Personalcomputer-Anwendung, daß das Vorhandene zu groß und zu teuer ist und wir werden uns überlegen müssen, auf welche Weise Dokumentation trotzdem verwaltet werden kann.

2.4 Wirtschaftlichkeit

Man muß sich zu Recht dem Vorwurf aussetzen, technische Spielerei zu betreiben, wenn man nicht nachweisen oder wenigstens plausibel machen kann, daß die angewandten Maßnahmen auch wirtschaftlich erfolgreich sind. Doch bei der Zahl der Freiheitsgrade ist dieser Nachweis nicht sehr einfach. Ein wirkliches Rechenmodell existiert noch nicht, dafür fehlen auch noch zu viele Voraussetzungen. Im Augenblick muß man sich auf statistische Ergebnisse verlassen. Auch der indirekte Einfluß der Maßnahmen auf die Gesamtqualität zum Beispiel eines Prozeßsystems oder gar auf die langfristige Akquisition ist kaum berechenbar. Betrachten wir also ein wenig die direkten Kosten. Eins kann man von vorneherein sagen: Das eine Extrem, nämlich nichts zu machen, senkt die Kosten natürlich nicht. Das andere Extrem ist erreicht, wenn die Software sozusagen absolut gut ist, also zum Beispiel völlig fehlerfrei (natürlich nur ein theoretischer Fall). In diesem Fall würde die weitere Erhöhung von Maßnahmen nur zusätzliche Kosten verursachen. Es gilt also irgendwie zu optimieren. Dieser Sachverhalt ist in *Abb. 2.4.1* dargestellt. Die Kunst ist, dieses Optimum zu finden.

Wie ist die Wirkung der Maßnahmen qualitativ zu sehen? Bezogen auf die Fehler, die gerade die Betriebskosten erheblich beeinflussen, ist

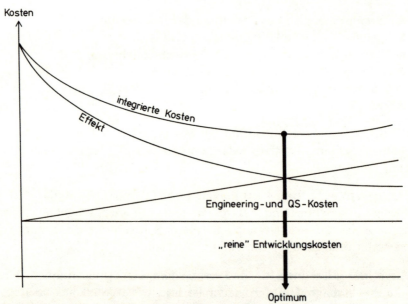

Abb. 2.4.1 Optimierung der Software-Engineering- und Qualitätssicherungs-Maßnahmen

2.4 Wirtschaftlichkeit

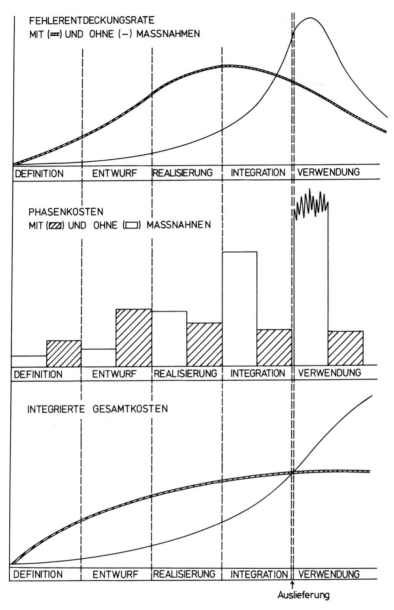

Abb. 2.4.2 Wirkung der Maßnahmen auf Fehlererkennung und Kosten

durch die Maßnahmen eine Verschiebung des Fehlerentdeckungsmaximums nach vorne erwünscht, was man mit erhöhtem Aufwand bei der Entwicklung bezahlen muß. Dies in der Hoffnung, daß damit die Gesamt-

2 Grundlagen

kosten erheblich gesenkt werden können. Wie die Zusammenhänge sind, zeigt Abb. 2.4.2.

Drückt man das Ganze in Formeln aus, so setzen sich die Gesamtkosten aus den Entwicklungs- und den Betriebskosten zusammen: $K = E + B$. Nimmt man an, daß Entwicklungskosten und Betriebskosten proportional der Programmgröße (P) sind, dann gilt mit e und b als entsprechende Faktoren:

$$K = e * P + b * P$$

Die Maßnahmen sind irgendwie proportional den Entwicklungskosten, dann gilt für die neuen Kosten K_2, wenn q dieser Faktor ist und b_2 der Faktor für die neuen Betriebskosten:

$$K_2 = (1 + q) * e * P + b_2 * P$$

Der Punkt, an dem sich die Maßnahmen rentieren, ist erreicht, wenn $K = K_2$ ist, also:

$$(1 + q) * e * P + b_2 * P = e * P + b * P$$
$$\text{somit } q = (b - b_2)/e$$

Diese Formel müssen wir vorsichtig interpretieren. Sie ist deswegen ein wenig gefährlich, weil sie funktionale Zusammenhänge vortäuscht, die mit ihr aber nicht dargestellt sind. Es wird vielleicht deutlicher, wenn wir wieder die Extremfälle diskutieren. Für $b = b_2$, also keine Wirkung, ist $q = 0$. Dies ist logisch, denn es bedeutet, daß sich dann auch keine Maßnahme rentiert. Das gleiche gilt natürlich für $b_2 > b$. Etwas aufschlußreicher ist der Fall $b_2 = 0$. Im Klartext heißt das, die Software ist so gut, daß keine Betriebskosten mehr anfallen. Für dieses theoretische Extrem rentiert sich q nur, wenn es nicht größer als b/e ist, das ist das Verhältnis der früheren Betriebskosten zu den reinen Entwicklungskosten. Wir müssen jetzt ein wenig auf statistisches Material zurückgreifen. Bei einer Entwicklungsdauer von einem Jahr und bei einem Einsatz der (unveränderten) Software über fünf Jahre, ist ein Verhältnis von Betriebskosten zu Entwicklungskosten von 1 : 1 ein durchschnittlicher Wert (der natürlich sehr vom Software-Typ abhängt), wir haben also $b = e$. Mit dieser Zahl ist die Rentabilität von q der Einsparung bei den Betriebskosten direkt proportional. Beispielsweise würden also alle Maßnahmen, die unter 20 % der Entwicklungskosten liegen, für eine 20%ige Senkung der Betriebskosten rentabel sein. So trivial ist das Ganze natürlich nur deswegen, weil wir ein Beispiel mit dem Faktor 1 : 1 gewählt haben. Wie sehen die Erfahrungswerte aus? Man hat über viele Software-Projekte gemittelt und festgestellt, daß Maßnahmen von ca. 15 % der Entwicklungskosten eine Einsparung bei den Betriebskosten von 20 bis 40 % bewirken können. Dies würde durchaus die beschriebenen Engineering- und Qualitätssicherungs-Methoden bestätigen. Noch besser wird der Effekt durch den Einsatz von Tools. Dadurch werden einmal die Maßnahmen selbst kostengünstiger, außerdem lassen sich natürlich die Betriebskosten weiter senken. Wieder eine statistische Momentaufnahme: Mit einem Satz von Tools (Entwicklungssystem und Dokumentationssystem) lassen sich bei einem Aufwand von q = 15 % die Betriebskosten auf sichere 60 % der alten Betriebskosten senken. Wenn T die Toolkosten sind (die ja nicht von der Programmgröße P abhängen), dann gilt für die Kostenrechnung gemäß unserer alten Formel:

$$K = (1 + q) * e * P + T + 0,6 * b * P$$

Die Rentabilität erhalten wir wieder durch Gleichsetzen (q = 0,15 und b = e):

$$1,15 * e * P + T + 0,6 * e * P = e * P + e * P$$
$$\text{also: } e * P = 4 * T$$

Das heißt, erst wenn die Entwicklungskosten viermal so hoch wie die Toolkosten sind, rentiert sich deren Einsatz.

Wenn man nun bedenkt, daß derzeit ein geeigneter Toolsatz mindestens auf 200 000 DM kommt, dann müssen die Entwicklungskosten schon in Millionennähe schweben, um den Einsatz der Werkzeuge zu rechtfertigen. Natürlich ist dies eine etwas undifferenzierte Betrachtungsweise, weil man ja schließlich noch eine Reihe abgestufter Möglichkeiten hat. Aber dies zeigt, wie schwierig es ist, wirklich quantitative Aussagen zu machen. Eins kann man ziemlich sicher sagen: Beim heutigen Stand der Technik sollten wir für unseren Anwendungsfall möglichst auf den Einsatz genereller, gekaufter Tools verzichten, es sei denn, es wird dereinst Brauchbares zu erschwinglichen Kosten angeboten. Einen kleinen Anhaltspunkt dafür, was erschwinglich ist, hoffen wir mit unseren Formeln gegeben zu haben.

Eine Empfehlung abschließend: Die genannten, statistischen Werte können für Ihren Anwendungsfall völlig falsch sein. Beobachten Sie Ihre eigenen Projekte und versuchen Sie, die für Sie gültigen Größen zu ermitteln. Dies ist in zweierlei Hinsicht wertvoll: Zum einen schafft man sich die Entscheidungsgrundlage für den Einsatz von Maßnahmen (und Tools), zum anderen ermöglicht dies eine wirkliche Erfolgskontrolle.

In Ermangelung quantitativer Aussagen über die Intensität von Maßnahmen und ihre Auswirkung auf die Kosten hat man in der „großen"

Software auf ein einfaches Konzept zurückgegriffen, das wir hier erwähnen, weil wir dies in etwa auch vorschlagen werden. Zum ersten Mal erdacht und verwendet wurde es in der Zivilluftfahrt. Da man eine weite Spanne von Qualitätsanforderungen an Software hat und es mit Sicherheit nicht wirtschaftlich ist, auf alle Software alle möglichen Maßnahmen anzuwenden, ist man darauf gekommen, die Software vor Entwicklungsbeginn in sogenannte Risikoklassen (Criticality Classes) einzuteilen und die qualitätssichernden Maßnahmen entsprechend abzustufen. Die bei der Zivilluftfahrt eingeführten Klassen sind:

Klasse 1: Sicherheitsrisiko (Leben)
Klasse 2: Hohes Risiko (wirtschaftliches Risiko)
Klasse 3: geringes Risiko

Dies ist sicher ein sehr pragmatischer Ansatz, aber derzeit wohl die einzige Methode, eine vernünftige Abstufung der Maßnahmen zu erreichen und planen zu können.

Einen Ausblick zu geben, was die Zukunft auf diesem Gebiet bringen wird, fällt tatsächlich ein wenig schwer. Selbst mit Erreichen einer quantitativen Meßbarkeit der Software-Qualität ist dieses Problem ja nicht gelöst. Wahrscheinlich ist wohl eine Verfeinerung des Risikoklassenkonzeptes mit entsprechenden Maßnahmen. Das Erreichen des Optimums gemäß Beobachtung des eigenen Ablaufs über eine langen Zeitraum ist letztlich eine Frage der Erfahrung.

Abschließend noch eine kleine Hilfe für die Kalkulation von Software-Projekten. Dies hat natürlich mit dem bisher Gesagten nicht viel zu tun, paßt aber ganz gut zum Thema Wirtschaftlichkeit. Jeder, der schon einmal Software gemacht hat, weiß, wie schwierig es ist, die Entwicklungskosten vorherzusagen. Zumal man es zu einem Zeitpunkt tun muß, wo man es eigentlich noch gar nicht genau kann, nämlich in der Anforderungsphase, um in der Terminologie des Phasenkonzepts zu bleiben. Man kann es so machen, wie viele es aus bitterer Erfahrung gelernt haben: Man denkt sich genau aus, wie lange man dafür braucht, berücksichtigt alle Eventualitäten, die jemals überhaupt vorkommen könnten und vorgekommen sind. Und dann schlägt man noch einmal 100 % darauf. Dann kann man sicher sein, daß der Überzug nicht mehr als weitere 100 % ist. Das ist die Software-Krise in Geld ausgedrückt, und so wollten wir es eigentlich nicht mehr machen.

Wir können nicht die Schwierigkeiten mit Formeln wegdiskutieren. Aber das folgende hat sich gut bewährt, wenn man es richtig anwendet. So geht man dabei vor:

1. Versuchen Sie, das Gesamtproblem in kleine Abschnitte aufzuteilen, wie man es später beim Entwurf ja auch macht.

2. Schätzen Sie für diese Abschnitte die Zahl der benötigten Programmbefehle. Dazu gehört natürlich eine Portion Erfahrung. Aber diese wächst mit zunehmender Projektzahl.

3. Teilen Sie dann die Abschnitte in schwere und leichte auf. Schwere Abschnitte sind z. B. solche, wo parallele Vorgänge oder komplizierte Ein- und Ausgaben abgearbeitet werden. Leichte Abschnitte sind Berechnungen oder streng chronologische Vorgänge.

4. Die Mannstunden, die die Entwicklung kostet, berechnen sich dann aus folgender Formel:

Mannstd. = Faktor * (Zahl der leichten Programmbefehle + Zahl der schweren Befehle * 2) + 25 % Integration bei Prozeßsystemen + 15 % für Engineering- und Qualitätssicherungs-Maßnahmen. Wie Sie sicher bemerkt haben, liegt das Erfolgsgeheimnis in dem ominösen Faktor. Wie kommt man zu diesem Faktor? Es ist Ihr persönlicher Faktor bzw. der Ihrer Firma oder sonstigen Gruppierung. Berechnen Sie ihn aus dem letzten Projekt, das Sie durchgeführt haben. Mit ihm können Sie auch prüfen, ob Ihre Entwicklung besser geworden ist. Langfristig natürlich. Haben Sie noch kein „letztes Projekt", beginnen Sie mit der Zahl 0,1 für höhere Programmiersprachen. Dies ist erfahrungsgemäß ein ganz brauchbarer Wert, wenn man kein Neuling mehr ist.

Was wir hier vorgeschlagen haben, ist natürlich nicht besonders umwerfend, kein Patentrezept. Es handelt sich vielmehr um ein mögliches Verfahren, das man jederzeit verfeinern kann und das mit wachsender Erfahrung zu einem brauchbaren Instrument wird. Aber diese Betonung auf Verfahren durchzieht das gesamte Software-Engineering. Und der Erfolg wird sich nur einstellen, wenn man alles hier Gesagte nicht als Mitteilung von Patentrezepten auffaßt, sondern vielmehr als Versuch, das Problembewußtsein zu stärken und Erfahrungen weiterzugeben.

Vielleicht können wir dann unser Ziel erreichen, daß Sie nicht alle Fehler wiederholen müssen, die andere schon einmal gemacht haben.

3 Software-Methodik für Personalcomputer-Anwender

Eingangs wurde bemerkt, man könne für die praktische Anwendung das ganze Kapitel 2 überschlagen. Ein bißchen theoretisch war das natürlich schon gemeint. Denn zumindest für die Begriffsbildung und für die Erkennung der Problematik benötigen wir den Inhalt dieses Kapitels sehr wohl. Auch in unserer Terminologie werden wir uns darauf beziehen. Eines wollen wir aber doch einhalten, nämlich unseren Methodikvorschlag komplett und ohne Verweise darzustellen. Das Prinzip, das uns leiten soll, ist dabei die Übernahme all dessen, was sich von den „Großen" verwenden läßt. Abweichungen machen wir nur da, wo aufgrund der typischen Gegebenheiten von Personalcomputer-Anwendungen diese Übernahme aus wirtschaftlichen oder technischen Gründen unmöglich ist. Beispiele sind die häufig erwähnten Tools oder organisatorische Voraussetzungen, wie das Vorhandensein einer unabhängigen Qualitätssicherungs-Organisation. Die Qualitätssicherung zum Beispiel wird man notgedrungen weitgehend selbst spielen müssen. Dokumentation und Test spielen daher auch eine besondere Rolle in unseren Vorschlägen.

Zum wiederholten Male möchten wir erwähnen, daß wir keinen Anspruch auf Vollständigkeit oder Perfektion erheben. Wenn Sie die hier gegebenen Anregungen aufnehmen und sich mit zunehmender Erfahrung Ihr eigenes System aufbauen, sind Sie sicher am besten beraten. In diesem Zusammenhang möchten wir auch die Erstellung eines sogenannten Software-Entwicklungshandbuchs empfehlen, in dem alles stehen soll, was man zur Durchführung der Software-Arbeiten benötigt. Dies sollte möglichst ein Ringbuch sein, um die Inhalte leicht aktualisieren zu können. Dieses Kapitel 3 wäre eine mögliche Basis für so ein Handbuch.

Wir werden im folgenden 3.1 ein wenig über die Organisation von Software-Projekten unseres Anwendungsfalles berichten. In 3.2 kommen wir auf die Qualitäts-Merkmale zurück, um aufzuzeigen, auf welche Weise sich bestimmte Merkmale am besten realisieren lassen. Abschnitt 3.3 behandelt dann sozusagen chronologisch den Software-Ablauf, nämlich die einzelnen Phasen und die Regeln und Aktivitäten in diesen Phasen. Die Regeln für die Entwicklungsstrategie fassen wir ziemlich streng. Funktionsbezogener Top-Down-Entwurf, Bottom-Up-Integration. Dies, weil es sich als die natürlichste und einleuchtendste Vorgehensweise erweist. Welche anderen Möglichkeiten es gibt, haben wir in Kapitel 2 dargestellt. Bei Bedarf sollten diese anderen Methoden sinngemäß angewendet werden.

3.1 Organisation

Unter Organisation wollen wir hier alles verstehen, was mit dem Ablauf eines Software-Projektes zu tun hat und nicht mit der eigentlichen Technik, also Steuerung, Planung und Kontrolle.

3.1.1 Steuerung

Um ein Projekt richtig steuern zu können, benötigt man eine entsprechende Organisationsstruktur. Wie alle Managementregeln besagen, muß diese Struktur den speziellen Gegebenheiten optimal angepaßt sein. Mögliche Organisationsformen zeigt *Abb. 3.1.1.1.* Unserem Anwendungsfall entspricht am besten der Typ „Liechtenstein" in etwas vereinfachter Form (nur 1 Kästchen). Im Klartext bedeutet dies, daß wir uns damit zu befassen haben, wie die Maßnahmen in einem Ein-Mann-Team durchzuführen sind. Vorteile des Ein-Mann-Teams sind die ausgesprochen geringen Kommunikationsverluste. Nachteil ist, daß das wichtige Prinzip der Unabhängigkeit von Test- bzw. der Qualitätssicherungs-Maßnahmen nur durch persönlichen Identitätsverlust realisierbar wäre. Besteht das Team aus wenigstens zwei Personen, dann sieht die Sache schon einfacher aus (außer einer schafft an und der andere arbeitet).

Trotz der organisatorischen Probleme benötigt man einige Mittel zur Steuerung. Das sind einmal die Planungs- und Kontrollmaßnahmen, die wir in 3.1.2 und 3.1.3 besprechen werden. Zum anderen sind es die Hilfsmittel, die uns die nötige Information liefern. Und das führt uns wieder direkt zur Dokumentation. Zumal die Ergebnisse der Planung, nämlich die Planungsdokumente, ebenfalls dazu gehören. Die Dokumente bilden also wirklich das Informationszentrum für das ganze Projekt. Diese Schlüsselfunktion können sie aber nur erfüllen, wenn man sie richtig handhabt.

3 Software-Methodik für Personalcomputer-Anwender

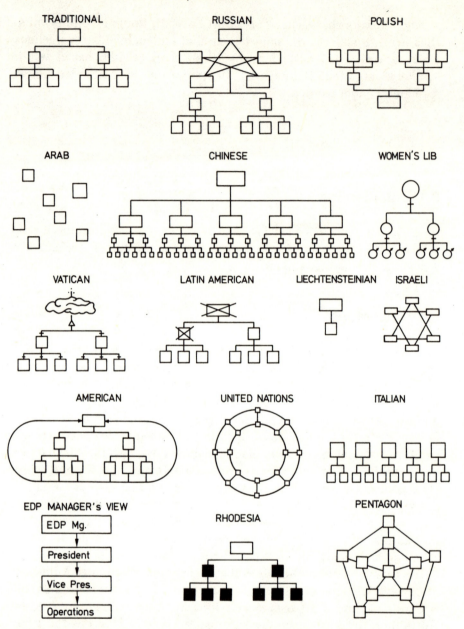

Abb. 3.1.1.1 Mögliche Organisationsformen (nach SA)

Bei der „großen" Software wird, wie wir ausgeführt haben, die Dokumentation zunehmend auf dem oder einem Rechner geführt und verwaltet. Oft ist dies noch nicht einmal der Zielrechner, der eigentliche

Rechner, sondern ein größerer Gastrechner mit viel Hintergrundspeicher. Das Führen der Dokumentation auf dem Rechner ist also in erster Linie ein Platzproblem. Die benötigten Rechenfähigkeiten bieten die Personalcomputer schon lange.

Mit wieviel Platz müssen wir rechnen?

Das kommt natürlich auf den Umfang der Dokumentation an. Bei der Minimaldokumentation, die wir vorschlagen, kann man etwa mit dem Faktor Zehn rechnen, also 1K ablauffähiger Code benötigt 10K Dokumentation. Das bedeutet, daß es in vielen Fällen durchaus möglich wäre, die Dokumente zu speichern, da sie ja nur Hintergrundspeicher belegen. Etwas schwieriger ist es mit den grafischen Fähigkeiten. Schließlich gehören Blockdiagramme, Struktogramme usw. essentiell zur Dokumentation. Komfortabel sind natürlich Tools, die solche Grafiken erzeugen. Wenn man dann auch noch einen Plotter hat, dann ist die Sache wirklich perfekt. Sich solche Tools selbst zu schaffen, ist eine technisch sehr schöne Aufgabe, ob sie wirtschaftlich ist, hängt von einigen Faktoren ab, wie der Anzahl der Projekte, der Projektgröße, der einheitlichen Programmiersprache usw. Dies muß man für sich selbst entscheiden. Aber auch ohne Tool lassen sich Grafiken erstellen, indem man sie zeichenweise manuell eingibt. Man muß natürlich bedenken, daß Änderungen dann mühsam sind und daß in diesem Fall der Faktor 10 für die Dokumentationsmenge bei weitem nicht mehr reichen wird. Was man aber mindestens tun sollte, ist die Verwaltung der Dokumente mit Hilfe des Rechners. Wir deuten hier nur an, wie das geschehen könnte.

Als erstes muß man sich ein Nummernsystem für die einzelnen Dokumente schaffen. Dabei muß man berücksichtigen, daß es drei Kategorien von Dokumenten gibt:

- Die Projektdokumentation
- Die Entwicklungsdokumentation
- Die Benutzerdokumentation

Die *Projektdokumentation* umfaßt alle Dokumente, die zur Steuerung des Projektablaufs benötigt werden, also insbesondere die Planungsdokumente.

Die *Entwicklungsdokumentation* ist die Dokumentation der einzelnen Phasenergebnisse, sie teilt sich demnach in
- Anforderungsdokumente,
- Entwurfsdokumente,
- Realisierungsdokumente (Quellcode, Modultestdokumente) und
- Integrations- und Abnahmedokumente.

Die *Benutzerdokumentation* schließlich besteht aus zwei Gruppen:
- Anwenderdokumente und
- Wartungsdokumente

Die Benutzerdokumentation entsteht aus der Entwicklungsdokumentation und für diese Kategorie ist es natürlich sinnvoll, daß sie erst am Ende der Entwicklung angefertigt wird. Eine gute Entwicklungsdokumentation unterstützt die Erstellung natürlich erheblich. Für diese Kategorie können wir keine allgemeinen Regeln aufstellen, da insbesondere die Anwendungsdokumentation, also die Dokumentation für den Kunden, sehr von den Wünschen und auch von der Qualifikation des Kunden abhängt.

Mit dem Beschriebenen ergibt sich folgender, grober Rahmen für das Nummernsystem:

P   Projektdokumentation
P.1   Planung
P.2   Projektablaufdokumentation

E   Entwicklungsdokumentation
E.1   Anforderungsdokumente
E.2   Entwurfsdokumente
E.3   Realisierungsdokumente
E.4   Integrationsdokumente

B   Benutzerdokumentation
B.1   Anwenderdokumente
B.2   Wartungsdokumente

Noch eine Bemerkung zu P.2: Projektablaufdokumentation. Hierunter sind alle Dokumente zu verstehen, die den Projektablauf dokumentieren, also z. B. Plan-Soll-Ist-Vergleiche für Termine und Kosten für die Analyse des Ablaufs. Aus diesen Unterlagen lassen sich zum Beispiel die in 2.4 genannten Faktoren ermitteln. Also eine sehr wichtige Sache zur Kontrolle der Produktivität, auch wenn es nur die Selbstkontrolle sein sollte. Übrigens sollte auch Korrespondenz mit dem Auftraggeber unter diesen Abschnitt fallen. Ein unter Umständen gerade nach Auslieferung eines Software-Produktes bedeutsamer Dokumentationsteil.

Zu E.2 und E.3 wollen wir auch noch etwas bemerken: Die Entwurfsdokumente und die Realisierungsdokumente teilen sich in die eigentlichen und in die Testdokumente auf. Da die Tests auch Software sind und wir die Tests unabhängig erstellen wollen, werden sie am besten wie „normale" Entwicklungen dokumentiert. Beim Modultest und dann bei E.4 Integration laufen diese Zweige wieder zusammen. B.2, die Wartungsdokumente, sind dann im wesentlichen die „Anwenderdokumente" der Tests. Auf diese Weise haben wir ein sehr geschlossenes und konsistentes Dokumentensystem, das alle Wünsche erfüllt, auch den, eine Basis für ein Konfigurationsmanagement zu sein.

Das alles klingt ein wenig nach Bürokratismus. Sicher bedeutet es einen gewissen Aufwand, das Dokumentieren so konsequent durchzuführen. Auf der anderen Seite ist der Vorteil, der sich daraus insbesondere im Betrieb ergibt, unschätzbar und essentiell mit unserem ganzen Konzept verknüpft. Ein paar Schlagworte zu den Vorteilen:

- eindeutige Bezugsbasis für die Entwicklung
- kein lästiges Suchen nach gültigen Dokumenten
- leichte Erstellung der Benutzerdokumentation
- erhebliche Erleichterung der Wartung und späterer Modifikationen
- Einarbeitungsmöglichkeit auch für andere als die ursprünglichen Entwickler
- leichte Nachweisführung gegenüber einem evtl. Auftraggeber
- Voraussetzung für Wiederverwendbarkeit von Software-Teilen

Die Liste läßt sich beliebig fortsetzen. Gerade die mangelhafte Dokumentation war ja eine der Hauptursachen für die Software-Krise.

Zurück zur Verwaltung der Dokumente. Gleichgültig, ob man sich entschließt, die Dokumente ganz auf dem Rechner zu führen oder nur zu verwalten, muß man die Nummernschlüssel noch mit weiteren Informationen versehen. Folgendes kann als Minimalforderung gelten:

- Dokumentnummer
- Dokumenttitel
- Dokumentart (Text, Quellcode, Objektcode)
- Bearbeitungsstatus (noch nicht begonnen, in Bearbeitung, in Überarbeitung, abgenommen)
- Datum (Soll-Beginn, Soll-Ende, Ist-Beginn, Ist-Ende)
- Soll- und Ist-Kosten für den dokumentierten Bearbeitungsteil (bei Entwicklungsdokumentation)

Aus diesen Daten lassen sich dann alle nötigen Informationen ableiten.

Noch ein Hinweis zur Realisierung: Man macht das am besten so, daß man sich einen Datensatz definiert, der alle diese Informationen enthält, ganz komfortabel ist es, wenn man unterschiedliche Datentypen verwendet (bzw. verwenden kann, falls die Programmiersprache es zuläßt). *Abb.*

Byte-Index	Datentyp	Größe (bytes)	Bedeutung
1	Text	1	Dok.kategorie(P,E,B)
2-5	integer	4	Dok.nummer
6-35	Text	30	Dok.titel(max. 30 Zeichen)
36	Text	1	Dok.art(T,Q,O)
37	integer	1	Bearbeitungsstatus
			(0: nicht begonnen
			(1: in Bearbeitung
			(2: in Überarbeitung
			(3: abgenommen)
38-61	Text	24	Soll-/Ist-/Beginn-/Ende-Datum Format: ttmmjj
62-69	real	8	Soll-/Ist-Kosten

Abb. 3.1.1.2 Beispiel für einen Datensatz zur Dokumentationsverwaltung

3.1.1.2 zeigt eine mögliche Definition. Wie man diesen Datensatz in Wirklichkeit definiert, hängt von den Rechnergegebenheiten ab. Wichtig ist, daß man unter einem bestimmten Index in allen Datensätzen die gleiche Information findet. So kann man in unserem Beispiel unter dem Index 37 für alle Dokumente den Bearbeitungsstatus ablesen. Die Datensätze werden auf eine File (Magnetbandcassette oder Floppy) abgespeichert und stehen dort zur Abfrage und Änderung zur Verfügung. Wenn man die Dokumente selbst auch abspeichert, muß noch eine zusätzliche Information in den Datensatz, wo man die eigentlichen Texte oder Programme findet (Adressen). Wem das alles fürs erste etwas zu kompliziert erscheint, dem raten wir, das Ganze anfangs manuell, also ohne Rechner zu machen. Dies ist auch schon ganz wertvoll. Wir sind aber überzeugt, daß man über kurz oder lang dann doch auf die automatische Methode übergehen wird, wenn man Software kommerziell erstellen und betreiben will. Ein manueller Beginn ist aber ganz gut, weil man auf diese Weise sein eigenes Dokumentensystem bereits vor der Übertragung auf den Rechner ausfeilen kann, was später Kosten sparen hilft.

Es war vielleicht etwas ungewöhnlich, unter dem Abschnitt Steuerung hauptsächlich über die Dokumentationsverwaltung zu berichten. Aber sie ist tatsächlich die Voraussetzung für eine wirkungsvolle Steuerung, was man früher in dieser Deutlichkeit nicht erkannt hat.

3.1.2 Planung

Große Projekte mit vielen Mitarbeitern benötigen eine aufwendige Planung. Es ist sogar so, daß ohne eine Reihe grundsätzlicher Arbeiten zur Planungsmethodik die erfolgreiche Durchführung technischer Großprojekte, z. B. der Luft- und Raumfahrt, völlig unmöglich gewesen wäre. Ein Beispiel ist die Netzplantechnik, die über die zeitlichen Zusammenhänge einzelner Entwicklungsaktivitäten Aufschluß gibt. Schon längst sind auch hierfür Computer im Einsatz. In unserer Anwendung spielen jedoch die vielfältigen Vernetzungen und Abhängigkeiten einer großen Zahl Beteiligter (und/oder Bausteine) nur eine geringe Rolle. Hieraus aber den Schluß zu ziehen, eine gute Planung wäre unnötig, ist völlig verkehrt. Auch für das Einmannprojekt lohnt es sich, den Ablauf genau zu planen. Auch im Einmannprojekt gibt es aufgrund technischer Notwendigkeiten eine Reihe von Abhängigkeiten, die man nicht ad hoc erkennen kann, die aber den Ablauf bestimmen und Grund genug sind, sich die Vorgehensweise vorher gründlich zu überlegen.

Bei der Planung muß man sich immer vor Augen halten, daß ein einzelner Plan nicht etwas Endgültiges ist, sondern daß er laufend Änderungen und Verfeinerungen unterworfen ist. Ein guter Plan muß leben, muß ständig auf die Gültigkeit der Vorgaben und Voraussetzungen überprüft werden. Das bekannte Bonmot, daß Planen nur den Zufall durch Irrtum ersetzen hieße, zeugt von einem falschen Verständnis der Funktion einer Planung. Die Planung hat folgende Aufgaben:

- Festlegung einer sinnvollen zeitlichen Vorgehensweise
- Maß für die Kontrolle von Abweichungen

Ganz im Sinne der üblichen Managementtheorien gilt auch für unser Einmannprojekt, daß es sinnvoll ist, laufend anhand der Planung den Arbeitsfortschritt zu messen, um bei Abweichungen rechtzeitig reagieren zu können. Solche Reaktionen können sein:

- einfach mehr arbeiten (was in Grenzen gehalten werden kann, wenn man den Zeitverzug rechtzeitig bemerkt)
- Abänderung der Planung, z. B. durch Verzicht auf Komfortlösungen
- rechtzeitige Bekanntgabe unabänderlicher Vorzüge (damit gibt man dem Kunden die Chance, sich auf veränderte Termine einzustellen)

Welche Planungen sind unentbehrlich?

Grundsätzlich wird in jeder Phase geplant, in natürlicher Weise werden die Pläne von Phase zu Phase verfeinert und werden auch genauer. In

3 Software-Methodik für Personalcomputer-Anwender

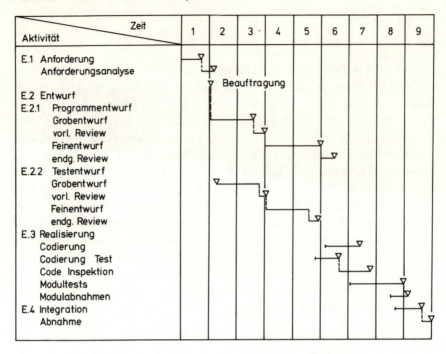

Abb. 3.1.2.1 Grobplanung in der Anforderungsphase

der Anforderungsphase ist es am schwierigsten, weil man noch wenig Detailinformationen hat. Eine Grobplanung des Ablaufs ist jedoch unumgänglich, weil man in dieser Phase verbindliche Aussagen zum Liefertermin machen muß. Vor allem wird hier auch der Aufwand für die einzelnen Aktivitäten geschätzt. Neben der Entwicklung werden jetzt auch die Verifikations- und Validierungsmaßnahmen geplant. Ein Beispiel zeigt *3.1.2.1*. Auf die einzelnen Kontroll-Maßnahmen kommen wir in Abschnitt 3.1.3 zu sprechen.

Nach dem Grobentwurf muß der Plan noch einmal revidiert werden. Da jetzt auch alle Module definiert sind, kann der zeitliche Ablauf der Modulproduktion (Feinentwurf, Codierung und Modultest) in ähnlicher Weise festgelegt werden. So ein Plan sieht natürlich dann wesentlich komplexer aus. Die Zusammenhänge können bei einer großen Modulzahl recht kompliziert werden. In der Terminologie des 2. Kapitels ist die Basislinie „Feinentwurf" sinnvollerweise keine zeitliche Linie, sondern eine formale Linie. Im Klartext heißt das: Kein Modul darf codiert werden, wenn sein Feinentwurf noch nicht eingefroren ist. Es müssen aber nicht *alle* Modulfeinentwürfe eingefroren sein, bevor man mit der ersten Codierung beginnt. Beim Einmannbetrieb mag dies noch sinnvoll sein, bei einem Team wäre eine solche Regelung unnötig starr und würde vermeidbare Verzögerungen und großen Leerlauf einzelner Beteiligter bewirken.

In dieser Phase drückt sich im Plan dann auch die Teststrategie aus, die wir bei den einzelnen Phasen noch beschreiben werden.

In den folgenden Phasen wird die Planung wieder einfacher und kann sich in den meisten Fällen auf die reine Aktualisierung beschränken.

Zur Darstellungsform: In den meisten Anwendungsfällen, über die wir hier berichten, wird die Balkenplanung gemäß Abb. 3.1.2.1 ausreichen. Diese Form ist auch relativ leicht mit Computerzeichen darstellbar (wir gehen hier nicht von einer automatischen Führung der Pläne durch den

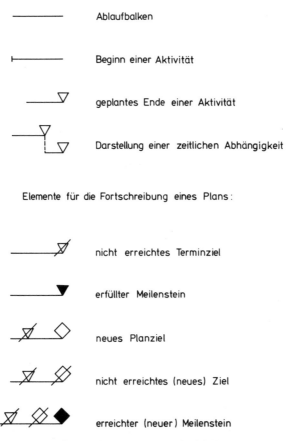

Abb. 3.1.2.2 Darstellungselemente für Meilensteinpläne

3 Software-Methodik für Personalcomputer-Anwender

Rechner aus). Die Aktualisierung muß eben mit Hilfe des Texteditors erfolgen. Die grafischen Elemente, die wir für die Balkenpläne empfehlen, sind in *Abb. 3.1.2.2* aufgezeigt. Wir überlassen es der Phantasie des Lesers, diese Elemente im Bedarfsfall in Rechnerzeichen umzusetzen.

3.1.3 Kontrollmaßnahmen

Die Kontrollmaßnahmen sind die Überprüfungsaktivitäten, die bei großen Projekten im Normalfall unter Verantwortung der Qualitätssicherung

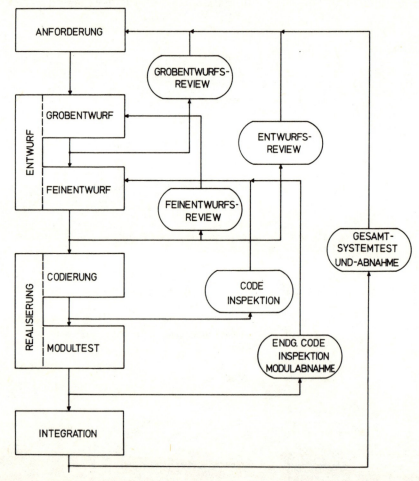

Abb. 3.1.3.1 Kontrollmaßnahmen in der Software-Entwicklung bei hohem Risiko

3.1 Organisation

durchgeführt werden. Wir gehen davon aus, daß wir keine Qualitätssicherung haben, die Maßnahmen müssen wir aber trotzdem durchführen. Wir behandeln in diesem Abschnitt den formalen Aspekt. Wie die Maßnahmen technisch durchzuführen sind, schlagen wir im Abschnitt 3.3 vor, der die einzelnen Phasenaktivitäten behandelt.

Die einzelnen Maßnahmen zeigt *Abb. 3.1.3.1*. Wenn die Verwendung des in Kapitel 2 dargestellten Risikoklassenkonzeptes sinnvoll erscheint, sollten die Maßnahmen abgestuft eingesetzt werden. Wir gehen allerdings davon aus, daß in unseren Anwendungsfällen keine Software erstellt wird, deren Einsatz sicherheitskritisch ist, also Leben bedrohen könnte. Die Qualitätssicherungs-Maßnahmen für solche Software sind

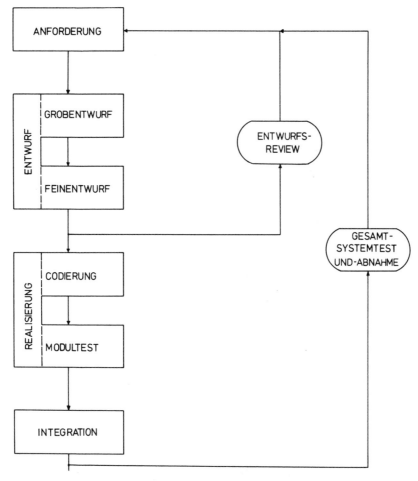

Abb. 3.1.3.2 Kontrollmaßnahmen in der Software-Entwicklung bei geringem Risiko

wesentlich komplizierter und würden den Rahmen dieser Darstellung sprengen. Wir beschränken uns also auf zwei Risikoklassen, hohes und geringes Risiko. Die Abstufung der Maßnahmen zeigt *Abb. 3.1.3.2*. Daß z. B. die Modulabnahme bei geringem Risiko nicht auftaucht, heißt allerdings nicht, daß kein Test durchzuführen ist. Wir wollen ihn nur in diesem Fall nicht den entsprechenden Regeln unterwerfen. Gemäß Abb. 3.1.3.1 gibt es folgende Kontrollmaßnahmen:

- Grobentwurfsprüfung
- Feinentwurfsprüfung
- Gesamtentwurfsprüfung (x)
- vorläufige Code-Inspektion
- Modulabnahme
- Gesamtsystemabnahme (x)

Die mit (x) gekennzeichneten Maßnahmen sind diejenigen, die auch bei Software geringen Risikos durchgeführt werden sollten.

Form der Entwurfsüberprüfungen: Für die Entwurfsüberprüfungen bedient man sich Checklisten, wie sie in 3.3 dargestellt werden. Neben der Erfüllung der eigentlichen Funktion wird dabei auch die Einhaltung der geforderten Engineeringregeln geprüft. Die Code-Inspektion ist ein manuelles Überprüfen des Codes. Auch hier geht es neben der Funktion um die Einhaltung der Codierregeln. Die Abnahmen sind im Prinzip Durchführungen der Entwicklungstests, wobei an die Ergebnisdarstellung bestimmte Anforderungen gestellt werden, die schon beim Testentwurf berücksichtigt werden müssen.

Im Regelfall sollen, wie wir schon öfters erwähnt haben, alle Kontrollmaßnahmen von unabhängiger Stelle durchgeführt werden. Was also tun, wenn es diese Stelle nicht gibt? Bei mehr als einem Beteiligten kann man sich behelfen, indem man die Überprüfungen „über Kreuz" veranstaltet. Beim Einmannbetrieb können wir nur empfehlen, die Regeln besonders gut einzuhalten (also den Entwurf der Tests wirklich aus den Angaben des Anforderungsdokumentes und der Entwurfsinformation zu machen und nicht korrespondierend zum eigentlichen Code). Für die Durchführung von Entwurfsüberprüfungen und Code-Inspektionen kann ein gewisser zeitlicher Abstand empfohlen werden. Führt man zum Beispiel eine Code-Inspektion eine Woche nach der eigentlichen Codierung durch und nachdem man schon wieder eine ganze Menge anderer Arbeiten erledigt hat, ist die Chance recht hoch, weniger „betriebsblind" zu sein. Und denken Sie bei der Durchführung der Kontrollmaßnahmen vor allem immer an die berühmten Gesetze eines gewissen Herrn Murphy, wonach immer der Fehler unentdeckt bleibt, der den meisten Schaden anrichtet und man immer dann mit Sicherheit etwas Wesentliches übersehen hat, wenn etwas so aussieht, als ob es auf Anhieb richtig funktioniert.

3.2 Qualitätsmerkmale

Nachdem wir schon im Kapitel 2 ein trauriges Bild der Software-Meßbarkeit gezeichnet haben, wollen wir uns hier mit diesem Thema gar nicht erst anlegen. Wir beschränken uns deshalb darauf, bezüglich bestimmter Merkmale einige Hinweise zu geben. Ohne Anspruch auf Vollständigkeit, mehr gedacht als Weitergabe bestimmter Erfahrungen.

Zur *Funktionserfüllung* gibt es nicht viel zu sagen, außer daß man sie hauptsächlich mit Hilfe der Entwurfsüberprüfung sicherstellt.

Die *Benutzbarkeit* wird hauptsächlich im Rahmen des Entwurfs erzielt. Bei der Handhabbarkeit ist es besonders wichtig, sich in die Rolle (und den Wissensstand) des Anwenders zu versetzen, der sehr häufig eben gerade kein Software-Fachmann ist. Die Robustheit erzielt man hauptsächlich beim Modulentwurf, indem man besonders genau überlegt, welche Fehleingaben möglich sind und wie man sie abfängt.

Im Prinzip gilt das gleiche auch für die *Sicherheit*, wobei das Datenschutzproblem mehr das Erfinden bestimmter Mechanismen erfordert, also auch ein Aspekt der Entwurfsphase.

Die *Effizienz* ist eine Frage der Optimierung in eine bestimmte Richtung. Relevant ist dies auch während der Codierung. Ein kleines, triviales Beispiel zur Erhellung. Benötigt man in einem Programm verschiedene Vielfache einer Konstanten (z. B. Pi) sehr häufig, so ist es speichereffizienter, sich diese Vielfachen immer wieder zu berechnen, laufzeiteffizienter, diese Vielfachen vorher manuell zu berechnen und als verschiedene Konstante zu deklarieren.

Die *Zuverlässigkeit* erreicht man am besten durch möglichst gutes Einhalten unserer Vorschläge. Sie zieht sich als roter Faden durch den ganzen Entwicklungsablauf.

Die *Änderbarkeit* ist ein weites Feld. Dazu müßte man erst einmal wissen, welche Änderungen auf einen zukommen werden. Typische Änderungswünsche sind zum Beispiel:

● Hinzunehmen von Funktionen. Dies ist wieder hauptsächlich eine Frage des Entwurfs, daß man nämlich an geeigneten Stellen noch Platz läßt für weitere Möglichkeiten. Wir werden dies in unserem Beispiel 1 erläutern.

- Änderung der Bedienung, eine Frage der richtigen Modularisierung.
- Änderungen aufgrund von Fehlern sind dann nicht so gravierend, wenn sich bestimmte Funktionen nicht gleich auf alle Module verteilen, also auch eine Frage des Entwurfs.
- Änderungen von Parametern. Auch dafür wieder ein einfaches Beispiel aus der Welt des Codes. Wenn sich aufgrund neuerer Erkenntnisse der Zahlenwert von Pi doch noch ändern sollte, ist es gut, wenn man am Anfang Pi = 3.14159 usw. deklariert hat und weiter mit dem Namen Pi rechnet, als wenn man jedesmal, um Variablennamen zu sparen, den Zahlenwert konkret eingesetzt hat. Eine Änderungsstelle (die wichtigste nach Murphy) übersieht man nämlich ganz bestimmt, vom Editieraufwand ganz zu schweigen.

Die *Prüfbarkeit* erreicht man auch schon beim Entwurf durch gute Modularisierung, vor allem durch beschränkte Modulgröße und eindeutige Funktionszuordnung. Aber auch die Auszeichnung von Testpunkten im Code ist hier von Bedeutung.

Die *Portabilität* erfordert natürlich zum einen die Verwendung einer standardisierten, höheren Programmiersprache, ist aber auch eine Sache des Entwurfs. Ganz konsequent muß man nämlich alle rechner- und systemspezifischen Teile in möglichst wenige Module packen. Aber dies dürfte inzwischen einigermaßen klar geworden sein, genauso wie das mit der *Weiterverwendbarkeit* funktioniert. Ein in Kosten denkender und zukunftsorientierter Software-Entwickler wird immer seine Aufgabe möglichst allgemein lösen, um nämlich im nächsten Projekt sich eine ganze Menge an Entwicklungskosten zu sparen. So viel zu den Merkmalen. Wir werden empfehlen, in der Anforderung die Gewichtung der geforderten Merkmale zumindest qualitativ vorzunehmen, genauso qualitativ muß dann aber auch die Erfüllung der Merkmale sein. Die Einhaltung läßt sich nicht nachweisen, das einzige, was man gegenüber einem eventuellen Auftraggeber vorweisen kann, ist der Bericht über die jeweils ergriffenen Maßnahmen. Besser als gar nichts ist es auf jeden Fall.

3.3 Die Software-Phasen

Wir besprechen im folgenden den Ablauf der Software-Entwicklung mit entsprechenden Engineering- und Nachweisregeln. Wir fassen diese

Regeln sehr eng und setzen uns damit der Gefahr aus, daß sich mancher Problemaspekt so nicht bewältigen läßt. Auswege lassen sich in diesem Fall durch Lektüre des Kapitels 2 oder auch durch Anwendung des gesunden Menschenverstandes finden. Der Grund, warum wir diese enge Gesamtschau gewählt haben, liegt in der Komplexität des Themas und der damit verbundenen Schwierigkeit, allgemein zu bleiben und doch konkret zu werden. Eine höhere Konkretisierung schien uns im vorliegenden Fall jedoch nützlicher als der absolute Allgemeinheitsanspruch. Noch eine Bemerkung zu den vorgeschlagenen Checklisten: Sie sind mit Sicherheit nicht vollständig und können dies wohl auch nicht sein. Der Sinn ist, eine Basis zu vermitteln, die man unbedingt entsprechend seiner spezifischen Anforderungen und Gegebenheiten weiterführen und immer mehr vervollständigen sollte, genauso wie das bereits zitierte Entwicklungshandbuch. In den einzelnen Phasen fassen wir jeweils die Engineering- und Qualitätssicherungs-Maßnahmen, die den in 3.1.3 aufgestellten entsprechen, zusammen, so daß sich das Bild eines chronologischen Projektablaufs ergibt.

Nicht mehr einzeln erwähnen werden wir die Planungsmaßnahmen.

3.3.1 Die Software-Anforderung

Wenn wir von reinen Software-Projekten ausgehen, ist die Software-Anforderung die technische Schnittstelle zwischen Auftraggeber und -nehmer. Bei Prozeßsystemen entspricht sie dem Software-Teil der Definitionsphase, also der ersten Aktivität, bei der sich Software und Hardware trennen. Diesen Fall wollen wir erst einmal ausklammern.

Schnittstelle zwischen Auftraggeber und -nehmer bedeutet, daß hier für beide verbindlich festgelegt wird, was das Software-Produkt letztlich leisten soll. Diese Leistungsbeschreibung wird heute im allgemeinen sträflich vernachlässigt. Grund dafür ist hauptsächlich, daß es gar nicht so einfach ist, die Software-Leistung eindeutig zu beschreiben. Um den zwangsläufig aus einer ungenauen Beschreibung resultierenden Streit zu vermeiden, lohnt es sich schon, diesem Thema ein wenig Aufmerksamkeit zu schenken.

Kennzeichnend für diese Phase ist, daß man zum einen verbindliche Aussagen über Leistung, Termin und Kosten treffen muß, zum anderen noch gar nicht so viel weiß, um solche Angaben guten Gewissens machen zu können. Hätte man zum Beispiel in dieser Phase schon Klarheit über den Entwurf, wäre alles viel leichter. Aber auch da gibt es wieder ein Problem. Bei Erstellung der Anforderung ist im allgemeinen noch gar kein Auftrag vorhanden, das heißt, die Arbeit ist noch nicht bezahlt, eine spätere Bezahlung äußerst ungewiß. Das ist ungefähr die gleiche Situation, die auch Architekten bei einer Ausschreibung haben. Sie müssen auch vieles vom späteren Entwurf vorwegnehmen, ohne zu wissen, ob sie den Zuschlag auch wirklich erhalten.

Was kann man also raten? Zumindest den Grobentwurf muß man in dieser Phase in Gedanken prinzipiell durchdacht haben. Man sollte diesen Aufwand unter allen Umständen treiben, zu leicht verspricht man sonst Dinge, die man zu den angegebenen Kosten und Terminen niemals realisieren kann. Kostenüberzüge von 100 % sind bei Software heutzutage üblich und warum es meistens doch nicht zum Eklat kommt, liegt an der geschickten Praxis der meisten Software-Hersteller, den Kunden prinzipiell an sein System zu binden und die Überzüge über nötige Modifikationen größtenteils wieder hereinzuspielen. Eine Vorgehensweise, die nicht mehr allzulange funktionieren dürfte. Nicht weil die Anwender plötzlich klüger geworden sind, sondern weil die Kosten einfach nicht mehr tragbar sind. Was zeichnet also eine gute Software-Anforderung aus?

● Das ist einmal die vollständige und möglichst quantifizierte Beschreibung der Funktionen, wie wir sie in Kapitel 2 bereits erwähnt haben.

● Für jede Funktion soll dann auch beschrieben werden, wie sie am Ende nachgewiesen wird. Dies ist nämlich der weitere Punkt, an dem endlose Streitereien zwischen Auftraggeber und -nehmer zu erwarten sind. Hierbei sollten Sie sich auf keine Kompromisse einlassen, auch wenn der Auftraggeber diesbezüglich erst einmal großzügig zu sein scheint. Das ist wie das alte Gesetz, daß man in Geldangelegenheiten auch unter Freunden immer peinlich genau sein soll. Und Software ist schließlich heute ein hartes Geschäft.

● Zum dritten sollten sämtliche Randbedingungen genau fixiert sein. Das ist nicht nur die Wahl des Rechners, der Peripherie oder der Programmiersprache und des Betriebssystems. Das können auch noch viele andere Einschränkungen sein, bis hin zu speziellen Auslieferungsvereinbarungen, z. B. die Vereinbarung eines Probebetriebs beim Auftraggeber, bevor die eigentliche Garantiezeit beginnt (übrigens eine sehr gute Sache für beide Seiten).

Verantwortlich kommt die Software-Anforderung eigentlich vom Auftraggeber. Erstellt wird sie meist in Zusammenarbeit beider, häufig sogar nahezu allein vom Auftragnehmer, also dem Entwickler der Software.

3.3 Die Software-Phasen

Der Inhalt ist im allgemeinen nicht an eine formale Sprache gebunden, sondern Klartext, verbale Beschreibung der einzelnen Sachverhalte. Ob sich später einmal Anforderungssprachen herausbilden werden, ist sehr fraglich, weil der Auftraggeber normalerweise kein Software-Fachmann ist.

Wie geht man im einzelnen vor?
Am Anfang steht die globale Anforderung, also die allgemeine Aussage darüber, um welches System es sich handeln und welchen Zweck es erfüllen soll. Ausgehend davon werden nun in einer Art Entwurfsprozeß die Teilfunktionen festgelegt. Es handelt sich hierbei aber nur um die Funktionen, die nach außen, also zum Benutzer hin, sichtbar sind. Diese Teilfunktionen werden aufgelistet und zu jeder Funktion wird das spätere Nachweisverfahren festgelegt. Sehr von Vorteil ist es auch, wenn man die Qualitätsmerkmale in einer Art Qualitätsprofil an dieser Stelle festlegt, auch wenn man noch keine wirkliche Meßbarkeit hat (s. 3.2).

Folgende quantitative Aussagen wären für die Funktionsbeschreibung zum Beispiel wünschenswert:

- Zeitbedarf für die Ausführung
- Reaktionszeiten auf bestimmte Ereignisse
- Speicherbedarf (Arbeits- und Hintergrundspeicher)
- Genauigkeiten z. B. von Berechnungen
- Angaben über maximal gleichzeitig zu erfüllende Aufgaben
- Angaben über Benutzerschnittstellen, insbesondere die Definition von Kommandosprachen oder ähnlichem, etwas, was unserer Ansicht nach unbedingt zur Leistungsbeschreibung gehört
- Beschreibung interner Software- und Hardware-Schnittstellen

Mit dem Beschriebenen bietet sich folgende Gliederung für die Software-Anforderung an (wobei es nicht auf die Reihenfolge ankommt):

1. Allgemeiner Teil
1.1 Globale Beschreibung (Ziel des Systems)
1.2 Qualitätsprofil

2. Funktion
2.n.1 Leistungsbeschreibung Funktion n
2.n.2 Nachweisführung für Funktion n

3. Randbedingungen
3.1 Hardwareumgebung
3.2 Softwareumgebung
3.3 Normen und Richtlinien (alles, was zusätzlich einzuhalten ist)
3.4 Form und Inhalt der Dokumentation, insbesondere der Benutzerdokumentation
3.5 Spezielle (technische) Lieferbedingungen

Wir haben in unserem Anwendungsfall für diese Phase keine eigenen Qualitätssicherungs-Maßnahmen vorgesehen. Wir sollten aber erwähnen, daß insbesondere im Fall von Prozeßsystemen, bei denen die Software-Anforderung aus der System-Anforderung hervorgeht, eine Überprüfung auf Vollständigkeit, Konsistenz und insbesondere auch Verträglichkeit zur Hardware-Anforderung dringend nötig ist.

Aber auch im Fall einer reinen Software-Aufgabe lohnt es sich, die Anforderungen noch einmal zu überprüfen, zum Beispiel zu beurteilen, ob die geforderten Nachweise realisierbar und wirtschaftlich vernünftig sind.

Für den Hobbyprogrammierer hat so eine ausführliche Arbeit natürlich nicht so viel Sinn. Aber eine genaue Beschreibung der gewünschten Funktionen kann auch hier nicht schaden, weil sie eine gute Voraussetzung für den Entwurf ist.

3.3.2 Der Software-Entwurf

Da wir uns, wie bereits bemerkt, entschlossen haben, von einem streng funktionsbezogenen Entwurf auszugehen, ist die gewählte Form der Software-Anforderung besonders günstig. Die erste Verfeinerung des Entwurfs ist nämlich damit quasi bereits erfolgt.

Ziel des Grobentwurfs ist letztlich eine Liste der zu erstellenden Module und natürlich deren Definition. Aber bis dahin ist viel kreative Arbeit zu leisten. Wie überhaupt, entgegen mancher Kritik, der Software-Prozeß durch die Engineering- und Qualitätssicherungs-Methoden nichts an seiner Kreativität verliert. Die Methoden bieten vielmehr ein Handwerkszeug, um sich auf die kreativen Aufgaben konzentrieren zu können. Kein Architekt, um diesen Berufsstand noch einmal als Beispiel heranzuziehen, würde seine Arbeit durch Verwendung eines modernen Zeichentisches oder gar graphischer Computermöglichkeiten für weniger kreativ

3.3 Die Software-Phasen

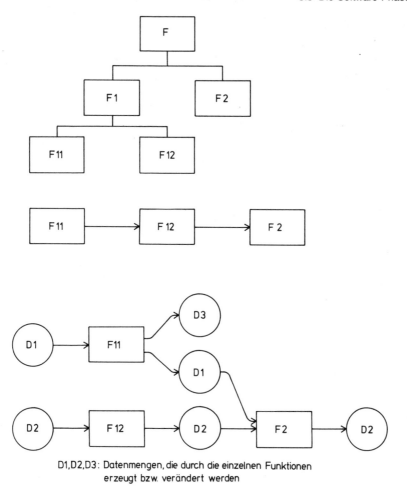

D1,D2,D3: Datenmengen, die durch die einzelnen Funktionen erzeugt bzw. verändert werden

Abb. 3.3.2.1 Funktionshierarchie, Funktionsablauf, Datenfluß

halten. Im Gegenteil, er hat durch die Hilfsmittel viel mehr Zeit, die er sonst durch mühsame Konstruktionen von Hand verschwenden müßte. So ähnlich ist das mit den Software-Methoden und Tools.

Zurück zum Grobentwurf. Schrittweise werden die Funktionen jetzt verfeinert, bis man schließlich elementare Rechnerfunktionen vorliegen hat. Ergebnis ist die früher schon zitierte Funktionshierarchie, in Informatikterminologie die Baumstruktur der Funktionen. Dabei hat man sich natürlich auch schon überlegt, welche Datenmengen zu verarbeiten sind und wie diese zusammenhängen. Jetzt wird auch die Dualität der Funktions- und Datendarstellung klar, wobei jede Darstellung bestimmte

Aspekte betont. Die Funktionsdarstellung zeigt den Ablauf der Aktivitäten, die Datendarstellung macht die Umformung der Daten deutlich. Daraus wird übrigens auch ersichtlich, daß die datenbezogene Entwurfsmethode nach Jackson (Kapitel 2) so viel anders gar nicht ist. Abb. 3.3.2.1 zeigt unseren Vorschlag für die Darstellung von Funktionshierarchie, Funktionsablauf und Datenfluß. Auch hier müssen wir wieder bemerken, daß diese Darstellung nicht für alle Aufgaben geeignet ist. Alle nötigen Zusammenhänge lassen sich häufig nicht so einfach darstellen. Welche Informationen über diese Diagramme hinaus noch nötig sind, muß man von Fall zu Fall entscheiden. Auch zeigen die Diagramme natürlich nicht, in welcher Weise und nach welchen Algorithmen die Daten nun genau verändert werden. Hierfür müssen die Funktionen verbal exakt beschrieben werden.

Als Ergebnis dieses ersten Schritts hat man folgende Informationen:
- Funktionshierarchie
- Funktionsablauf
- Datenflußbeschreibung
- Definition der Funktionen (aller Hierarchiestufen)
- Definition der Datenmengen (Art, Größe und Zweck)

Es liegt jetzt eine strenge Baumstruktur vor, das heißt, jede Funktion (außer der Gesamtfunktion) hat genau eine Elternfunktion. Die nächste Stufe, um zur Modulaufteilung zu gelangen, ist eine Optimierung der Funktionen. Die Aufgabe besteht darin, gemeinsame Funktionen in den einzelnen Zweigen zu finden und sie den entsprechenden Eltern zuzuordnen (daß man dies machen muß, ist der einzige Nachteil der Top-Down-Vorgehensweise). Dabei sollte die Regel gelten, daß dies möglichst nur in der untersten Ebene geschehen soll. Wenn immer der Speicherplatz es zuläßt, sollen Funktionen in einer höheren Ebene, auch wenn sie gleichartig sind, nicht zusammengefaßt werden. Die Gründe hierfür liegen in den Qualitätsmerkmalen Änderbarkeit, Weiterverwendbarkeit und Zuverlässigkeit, aber auch in der Prüfbarkeit der Software.

Diese gemeinsamen Funktionen werden dann als sogenannte Bibliotheksfunktionen ausgezeichnet. Was ist das Kennzeichen solcher Bibliotheksfunktionen?
- Sie dürfen von jeder Funktion benützt werden
- Aus diesem Grund sollten sie möglichst allgemein sein
- Eine Benutzung (Aufruf) darf den Modul nicht verändern (Status!)
- Und noch eine verfahrenstechnische Eigenschaft: Bibliotheksmodule sollten möglichst nicht mehr geändert werden. Da jeder sie benutzen

3.3 Die Software-Phasen

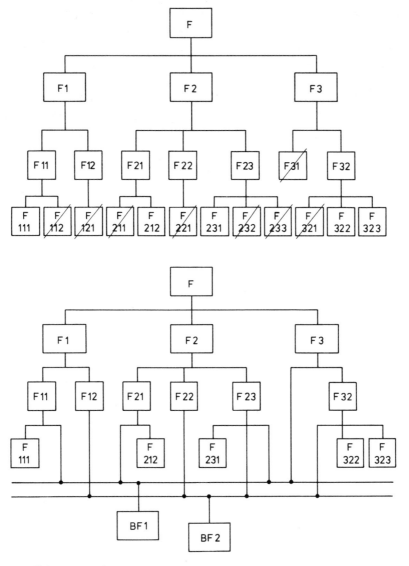

Abb. 3.3.2.2 Optimierung durch Bildung von Bibliotheksfunktionen

darf, ist die Auswirkung einer solchen Änderung häufig unabsehbar. Abb. 3.3.2.2 zeigt diese Optimierung in allgemeiner Form.

Der folgende Schritt ist wieder kreativer Art. Man muß sich jetzt die Aufteilung in Module überlegen. Allerdings muß man feststellen, daß in vielen Fällen die Modulstruktur schon fast vorliegt, sieht man einmal von Steuermodulen ab. Und dieser Effekt ist durchaus erstrebenswert, weil viele Forderungen an die Modularisierung damit bereits erfüllt sind (wenig Schnittstellen, abgegrenzte, vollständige Aufgabe). Nur auf die Größe muß man ein wenig achten und bestimmte Funktionen dann noch linear zerlegen. *Abb. 3.3.2.3* zeigt diesen Schritt wieder in allgemeiner Form. Die elementaren Funktionen (also die unterste Hierarchiestufe) und die Bibliotheksfunktionen werden zu Modulen in folgender Weise:

M11 = F11, M12 = F12, M21 und M21a = F21 (z. B. wegen der Größe), M22 = F22, M31 = F31, BM1 = BF1, BM2 = BF2. Dazu kommen: M = Steuerung von F, M1 bis M3 = Steuerung von F1 bis F3. Der Zusammenhang zwischen Funktionsablauf und Modulablauf (Aufrufsequenz) ist in

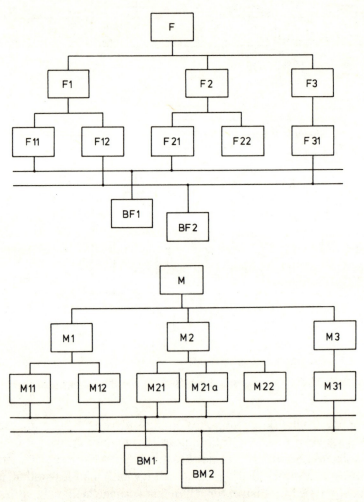

Abb. 3.3.2.3 Modularisierung

3.3 Die Software-Phasen

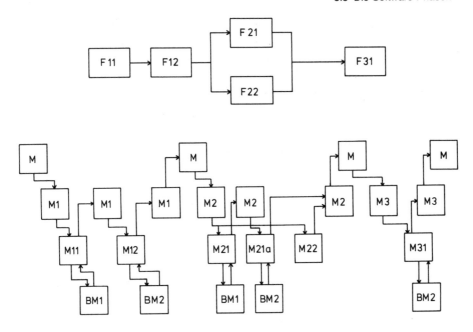

Abb. 3.3.2.4 Funktionsablauf und Modulablauf

Abb. 3.3.2.4 dargestellt. Durch die Ähnlichkeit der Darstellungen in Abb. 3.3.2.3 darf man sich nicht täuschen lassen. Die Funktionen in den oberen Ebenen sind rein gedanklich Gebilde, während die Module der oberen Ebenen reale Aufgaben, hier: Steuerungsaufgaben, erfüllen. Es kann sich hier durchaus ein sehr unterschiedliches Bild ergeben. Die ziemlich umfangreiche Modulaufrufsequenz wird man natürlich normalerweise nicht darstellen, sie ergibt sich eindeutig aus Modulhierarchie und Funktionsablauf. Wir wollten hier nur den Unterschied zeigen.

Wenn wir jetzt noch die einzelnen Module definieren, ist der Grobentwurf fertig. Bei Prozeßsystemen kommen allerdings zwei Aufgaben noch hinzu, um die wir uns hier im einzelnen nicht kümmern werden:

● Die Beschreibung von Hardware-Schnittstellen von Modulen, die mit den Peripheriegeräten kommunizieren (Treibermodule).
● Die Beschreibung der Echtzeitstruktur (Ereignisse, parallele Vorgänge, wofür die Petri-Netze als Darstellungsmittel gedacht sind).
● Bei der Moduldefinition wollen wir die in Kapitel 2 beschriebene EVA-Regel vorschreiben: ein Eingang, eine definierte Verarbeitungsfunktion, ein Ausgang. Ein- und Ausgänge sind Daten, die Verarbeitungsfunktion wird im allgemeinen verbal beschrieben.

3 Software-Methodik für Personalcomputer-Anwender

Gemäß unserem Abschnitt 3.1.3 über Kontrollmaßnahmen folgt jetzt die Grobentwurfsprüfung. Hierfür benützen wir eine Checkliste, um alle wesentlichen Faktoren zu erfassen. Beim Einmannbetrieb ist man selbst Kontrolleur. Gerade in diesem Fall ist die Checkliste ein wichtiges Objektivierungsmittel. Wir schlagen folgende Fragen vor (die möglichst mit wachsender Fehlererfahrung ergänzt werden sollten):

1. Funktion und Nachweis
1.1 Sind sämtliche Funktionen aus der Anforderung erfüllt?
1.1.1 Vollständigkeit?
1.1.2 Widerspruchsfreiheit?
1.2 Sind die Nachweisverfahren durch den Testentwurf erfüllt?
1.3 Sind die Qualitätsmerkmale berücksichtigt?

2. Entwurfsregeln
2.1 Ist die Hierarchie eingehalten (Strukturierung, siehe Kapitel 2)?
2.2 Sind sämtliche Bibliotheksmodule in der untersten Hierarchieebene?
2.3 Sind Funktionen nicht auf mehrere Module verteilt (Ausnahme: Modulgröße, der Ablauf muß dann aber linear sein)?
2.4 Sind die Schnittstellen nach außen (zur Hardware oder zum Benutzer) auf jeweils einen Modul konzentriert?
2.5 Steuerung der Datenzugriffe nur von jeweils einem Modul?
2.6 Sind die Schnittstellen der Module untereinander möglichst geringfügig?
2.7 Ist die Zahl der Module, die ein Elternmodul aufruft, so gering wie möglich?
2.8 Haben Daten innerhalb eines Datenbereichs (gleicher Namen) auch gleichartige Bedeutung?
2.9 Hat jeder definierte Modul nur einen Ein- und Ausgang?

3. Randbedingungen
Sind die Randbedingungen (soweit sie den Entwurf betreffen) vollständig berücksichtigt)?

In der Checkliste ist auch vom Testentwurf die Rede. Wie man sich erinnern wird, geht dieser Entwurf nahezu parallel zum eigentlichen Entwurf und unterliegt den gleichen Regeln.

Über die Teststrategie sollten wir uns aber an dieser Stelle einige Gedanken machen.

Wie wollen eine konsequente Bottom-up-Strategie vorschlagen. Dies bedeutet nichts weiter, als daß wir bei der Integration mit der untersten

3.3 Die Software-Phasen

Ausschnitt aus einer Modulhierarchie:

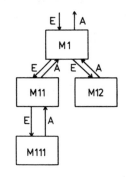

„echter" Modultest von M1 (vgl. Abb. 2.18):

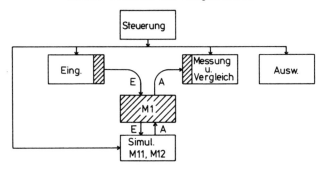

„falscher" Modultest unter Benutzung fertiger Module:

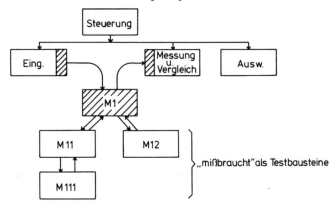

Abb. 3.3.2.5 „echter" und „falscher" Modultest

Ebene beginnen. Bei der umgekehrten Strategie (Top-down) benötigt man für die Aufrufe jeweils Platzhalter (Stubs oder Dummys), und das ist unter Umständen ein wenig kompliziert, weil die Platzhalter größer werden können als die Module selbst. Aber wenn man diese Strategie aus Ablaufgründen vorzieht, ändert sich an den Prinzipien auch nicht allzuviel.

Man könnte übrigens auf die Idee kommen, einen jeweils bereits getesteten Modul als Testwerkzeug sozusagen mit heranzuziehen, so daß man sich ab der zweiten Ebene, von unten gesehen, einige Modultests sparen würde. Modultest und Integrationstest würden dann sozusagen zusammenfallen. *Abb. 3.3.2.5* zeigt diesen Unterschied. Bei „reinen" Modultests muß der Test die vom getesteten Modul aufgerufenen anderen Module simulieren. Man hat also in etwa wieder Stubs und Dummys zu konstruieren, wie bei der Top-down-Integration. Im anderen Fall entfällt dies. Wir würden aber trotz dieser Vereinfachung zumindest bei Software höheren Risikos dringend davon abraten, weil ein ausführliches Testen des Moduls nicht mehr gewährleistet ist. Die Schnittstellen nach unten sind hervorragende Stellen, um Fehler zu simulieren und damit das Verhalten des Moduls bei falschen Daten festzustellen. Hat man ein ausgetestetes Modul eingebunden, erhält man von diesem nur „richtige" Daten. Damit geht das Wesentliche im Prinzip des Modultests verloren: Nur auf Modulebene ist es möglich, die Software noch einigermaßen umfassend zu testen, bei höherem Komplexitätsgrad geht diese Möglichkeit schnell verloren. Beim Software-Gesamttest muß man ja damit leben. Wie entwerfen wir nun unsere Modultests?

- Das Modul muß mit Eingangsdaten versorgt werden.
- Die Ausgangsdaten müssen gemessen und ausgewertet werden.
- Die Aufrufe von anderen Modulen müssen simuliert werden.

Damit kann man sich einen ziemlich allgemeinen Testrahmen aufbauen und die modulspezifischen Eigenschaften über die Daten einbringen. Wir wollen hier nicht die Schlagworte: statische, dynamische Tests, Pfadanalyse usw., ausführen. Überlegen wir einfach ganz pragmatisch, was so ein Test alles können soll.

Der eigentliche kreative Vorgang bei der Testerei ist nicht das Erstellen des Testprogramms (das soll ohnehin möglichst einfach sein), sondern die Erzeugung der Testdaten. Dabei muß man für den Modultest folgende Prinzipien weitgehend erfüllen:

- alle möglichen erlaubten Kombinationen,
- eine richtige Auswahl von fehlerhaften Kombinationen,
- Auswahl der Daten jeweils so, daß sichergestellt ist, daß alle Pfade durchlaufen werden.

3.3 Die Software-Phasen

Wenn wir dann die Auswertung so gestalten, daß man erkennen kann, was getestet wurde und wie das Ergebnis im einzelnen ausgesehen hat (Soll-Ist-Darstellung), hat man gleichzeitig einen für die Abnahme geeigneten Test.

Eine Bemerkung noch zu den sogenannten Testpunkten. Das sind sozusagen Schnittstellen nach außen, die ein Modul nicht hat und die für Testzwecke künstlich eingebaut werden. Dies sollte man nur tun, wenn man feststellen muß, daß es anders unmöglich ist, das Modul zu testen. Solche Testpunkte sind ein schwerwiegender Eingriff in den Modul, deren Entfernung fehleranfällig ist. Entfernt man sie nicht, ergibt das eine ziemliche Speicherverschwendung. Bei interpretierenden Sprachen ist es nicht ganz so kompliziert, aber auch nicht unproblematisch. Ein Beispiel in BASIC, wo das Einfügen primitiver Testpunkte sozusagen das tägliche Brot des „Debug"-Vorgangs ist, wenn man ohne eigene Tests auszukommen glaubt:

100 LET X = 4 + SIN(Y)
110 LET Z = P + X
120 GOSUB 500

Mit Testpunkt:

100 LET X = 4 + SIN(Y)
110 LET Z = P + X
115 PRINT „X="; X; „Z="; Z
120 GOSUB 500

Gerade in BASIC kann man dies ganz gut machen, weil der Befehl mit der Nummer 115, auch wenn er im Testprogramm steht, richtig eingeordnet wird. Das Entfernen ist ebenfalls sehr bequem (natürlich ist in einem Testprogramm der Testpunkt i. a. nicht nur ein Print-Befehl). Trotzdem sollte man dies nur benutzen, wenn es anders nicht geht, da man den Ablauf des Moduls intern stört.

Zurück zum Entwurf. Testmodule wie die eigentlichen Module müssen jetzt entworfen werden. Die Tätigkeit, die wir mit Feinentwurf bezeichnet haben.

Der Feinentwurf folgt den Regeln der strukturierten Programmierung (s. Abb. 2.2.4.5). Als Darstellungsform sollten wir mangels einer Pseudo-Entwurfssprache am besten Struktogramme, oder weniger gut, Flußdiagramme verwenden. Beim Feinentwurf muß man besonders darauf achten, daß der Modul selbst alle möglichen Fehlerfälle abfängt und entsprechend behandelt (Weitergabe einer Fehlerinformation nach außen, natürlich nur über die Aufrufschnittstelle!). Der Feinentwurf in dieser Form ist die Grundlage für die Codierung, im Idealfall ist die Codierung nur noch ein 1 : 1-Umsetzen.

3 Software-Methodik für Personalcomputer-Anwender

Der Modulentwurf wird auch mit einer Überprüfung abgeschlossen. Wieder eine grobe Checkliste hierfür:

1. Sind die Forderungen aus der Moduldefinition vollständig und widerspruchsfrei erfüllt?
2. Sind die externen und internen Daten ausreichend beschrieben?
3. Sind die Fehlerfälle vollständig abgedeckt, die Fehler richtig bearbeitet?
4. Sind die Strukturierungsregeln eingehalten?

Bei der Feinentwurfsüberprüfung macht sich der Einmannbetrieb besonders schädlich bemerkbar. Fehler bei der Moduldefinition wird man auch jetzt nicht entdecken. Sie sollten diese Überprüfung aber trotzdem durchführen, aber mit dem nötigen zeitlichen Abstand, am besten, wenn zwischendurch schon eine Reihe anderer Module entworfen wurden.

Im allgemeinen wird sich aus inzwischen vertiefter Problemkenntnis während des Feinentwurfs der Grobentwurf an verschiedenen Stellen noch ändern. Unser System soll dies auch zulassen. Aus diesem Grund ist es aber nötig, als Abschluß dieser Phase eine Gesamtentwurfsüberprüfung (siehe Kapitel 3.1.3) vorzunehmen, die dem gleichen Schema folgt, wie die beiden bisherigen Kontrollen. Dann sollte der Entwurf für verbindlich erklärt werden und nicht mehr ohne weiteres verändert werden. Vor allem bei jeder nachträglichen Entwurfsänderung die Auswirkungen auf den Rest des Systems deutlich machen (was der Sinn des Einfrierens ist) und sich erst nach der Gesamtbeurteilung für die jeweilige Änderung entscheiden.

Wir haben als Programmiersprachen für unser Beispiel BASIC und PASCAL ausgewählt. Die Gründe hierfür waren die konträren Eigenschaften der beiden Sprachen und deren weite Verbreitung auf Personal-Computer-Systemen. Beide weisen gewisse Besonderheiten auf, was die Modulbildung betrifft. Bei beiden ist es nämlich nicht möglich, absolut vorschriftstreu Module zu bilden, wenn man die Definition des Moduls als lexikalische Einheit zugrunde legt. Bei PASCAL (Standard-PASCAL) gibt es überhaupt keine Unterprogramme, bei BASIC auch keine wirklichen (nämlich nur den speziellen Sprungbefehl: GOSUB). Was also tun?

Bei PASCAL werden wir einfach Funktionen und Prozeduren zur Modulbildung verwenden, auch wenn das zugegebenermaßen vom Programmablauf hier nicht immer optimal ist (häufige Parameterübertragung). Bei BASIC ist das Problem noch schlimmer. Es gibt hier überhaupt keine Parameterübertragung, sondern nur globale Parameter. Dies erfordert eine große Disziplin bei der Verwendung von Namen. Man muß darüber getrennt Buch führen. Da es keine echten Unterprogramme gibt, muß man den Modulen Statementnummernbereiche zuordnen, was ein wenig unhandlich ist, weil man die Größe schließlich nicht genau vorhersagen kann. Hat man für BASIC ein Renumerierungsprogramm, dann ist die Sache etwas einfacher. Übrigens ist dies so eine Stelle, an der aufgrund von Qualitätsmängeln der Sprache der Aufwand für das Engineering wesentlich höher ist, obwohl diese Spracheigenschaften auf den ersten Blick sehr günstig erscheinen.

3.3.3 Die Programmrealisierung

Mit dem vorliegenden Feinentwurf ist die Codierung eine leichte Sache. Trotzdem muß man noch einiges berücksichtigen. Zuerst einmal den Programmaufbau. Wir haben im 2. Kapitel eine Dreiteilung erwähnt, die wir auch hier vorschlagen werden. Jedes Programm soll aus folgenden Teilen bestehen:

- Programmkopf
- Deklarationsteil
- Eigentlicher Programmteil

Welche Informationen sollen im Programmkopf enthalten sein?
- Name des Moduls
- Bezeichnung des Gesamtsystems
- Versionsnummer
- Änderungsstand (für spätere Konfigurationskontrolle)
- Abnahmestatus
- Name des Autors (evtl. Telefonnummer)
- Datum
- Angabe der Programmiersprache, des Compilers und des Betriebssystems
- Wer ruft den Modul auf?
- Wen ruft der Modul auf?
- Verbale Kurzbeschreibung der Aufgabe des Moduls (evtl. identisch mit der Beschreibung in der Moduldefinition)

Der Deklarationsteil soll folgende Angaben enthalten:
- Eingangsdaten
- Ausgangsdaten
- Interne Daten

Diese Datenbeschreibungen sollen aus dem Datennamen, dem Typ und der Größe (bei Feldern) bestehen und aus einem Kommentar, der die Aufgabe des jeweiligen Datums oder Felds beschreibt. Die Datennamen sollen dabei kurz, aber aufschlußreich sein: „FEHLERSTATUSINFORMATION" als Name ist sicher zu lang, aber nur „F" wäre auch nicht gut, „FSTAT" ist zum Beispiel ein guter Kompromiß.

Im eigentlichen Programmteil sollte die Struktur optisch zum Ausdruck kommen. Dies ist bei PASCAL automatisch gegeben, bei BASIC jedoch nicht so ohne weiteres möglich. Hier helfen dann gute Kommentare. Über die Qualität von Kommentaren haben wir in Kapitel 2 schon gesprochen.

Nachdem der Code erstellt ist, gehen wir immer noch nicht an den Rechner. Es folgt die (vorläufige) Code-Inspektion. Im Einmannfall empfehlen wir wieder den zeitlichen Abstand. Überprüfungen bei der Code-Inspektion:

- Richtige Umsetzung des Feinentwurfs
- Strukturierungsregeln (keine GOTOs)
- Richtige Daten
- Vollständigkeit von Programmkopf und Deklarationsteil
- Qualität der Kommentare
- Suche nach Fehlern, die keine Syntaxfehler sind, aber nicht dem Gewünschten entsprechen
- Datenfehler:
  – Überprüfung der Feldgrenzen (bei PASCAL unnötig!)
  – Indexgrenzen bei Verwendung von „CASE-OF"-Konstrukten
  – Singularitäten (Division durch beinahe Null)
  – Rundungsfehler
  – Richtige Schleifenbildung (einmal zu viel oder zu wenig, Unterschied zwischen REPEAT und WHILE!)
  – Richtige Fehlerbehandlung

- Wenn man ganz perfekt sein will, kann man im Trockenen den Ablauf simulieren. Es gibt Programmierer, die es auf diese Weise erreichen, fast immer mit nahezu fehlerfreien Programmen an den Rechner zu kommen. Ob die Vorgehensweise wirtschaftlich ist, bleibt der Entscheidung des einzelnen überlassen.

Wir haben gesagt, wir gehen immer noch nicht an den Rechner. Das war auch ein wenig rhetorisch. Wenn man sein Programm vor der Code-

Inspektion durch den Syntaxcheck laufen läßt, so ist das bestimmt nicht das Schlechteste.

Für die Code-Inspektion im Einmannteam noch ein ganz brauchbarer Vorschlag: Wenn Sie versuchen, den Code in ein Struktogramm zurückzuübersetzen, können Sie die Richtigkeit bezüglich des Feinentwurfs ganz gut sehen. Genau dafür gibt es auch im Personal-Computer-Bereich Tools. (Und nur für diesen Fall sind diese Tools brauchbar. Sie als Entwurfswerkzeug zu deklarieren, ist blanker Hohn angesichts der Tatsache, daß man dabei vom Code ausgeht.)

Ob man anschließend an die Code-Inspektion den Modul am Rechner unter Verzicht auf Tests „debugt", überlassen wir der Entscheidung des Lesers. Wir halten nicht allzuviel davon. Erstens läuft der Modul ja nicht so ohne weiteres, zum zweiten bringt ein gut ausgedachter Modultest wesentlich mehr und macht das Debuggen leicht. Und um den Modultest kommen wir für gute Software sowieso nicht herum. Allerhöchstens in der geringen Risikoklasse könnte ein Ersatz des Tests durch reines „Debuggen" in Frage kommen. Warum wir das bloße Debugging nicht mögen: Erstens kostet es viel Zeit. Zweitens ist der ganze Vorgang nicht reproduzierbar, also kann man bei einer Änderung wieder von vorne mit dem Denken und Arbeiten anfangen. Und schließlich ist es schon beinahe reine Gefühlssache, ob man vollständig war oder nicht.

Bei richtigem Aufbau kann der Modultest, nachdem alle Fehler im Modul beseitigt sind, auch gleich als Abnahmetest benutzt werden. Dafür braucht er, wie erwähnt, nur darstellen, was getestet wurde und wie das Ergebnis ist. Ein bißchen mehr Aufwand bei der Testerstellung. Machen wir ein negatives Beispiel:

Eine Ausgabe des Folgenden auf dem Drucker ist als Testprotokoll ziemlich ungeeignet:

TEST FUER MODUL „XYZ"
TESTENDE: ∅ FEHLER

Da sich durch die Fehlerbehebung im Code natürlich etwas ändert, ist zum Abschluß dieser Phase eine nochmalige Code-Inspektion durchaus angebracht, wenngleich sie auch nicht so umfangreich sein muß.

Wie der Entwurf, wird jetzt auch der Code „eingefroren". Sinngemäß gilt das gleiche, was wir schon beim Entwurf bemerkt haben.

3.3.4 Systemintegration

Über die Hardware-/Software-Integration bei Prozeßsystemen wollen wir uns an dieser Stelle nicht auslassen, wir beschränken uns auf die reine Software-Integration. Vieles gilt natürlich auch für die Integration mit der Hardware. Nur ein kleiner Hinweis dazu. Es ist natürlich häufig nötig und sinnvoll, schon bevor die Software endgültig fertig ist, das Zusammenspiel mit der Hardware zu erproben. Man sollte aber nie auf die getrennte Überprüfung und Abnahme der Software verzichten. Jeder, der die endlosen Schuldzuweisungen zwischen Hardware- und Software-Entwicklern schon einmal erlebt hat, wird dem uneingeschränkt zustimmen.

In unserem Vorschlag beginnen wir mit der Integration von unten. Die Testprogramme hierfür unterscheiden sich von den Modultests bei dieser Strategie nicht allzusehr. Die Daten sind nicht mehr so umfangreich, anstelle der simulierten Aufrufe treten die echten Module. Prinzipiell sollte bei der Integration immer nur ein Modul neu dazugenommen werden. Prinzipiell heißt natürlich, daß es aus technischen Gründen Ausnahmen geben kann. Ist man ganz oben angelangt, ist man eigentlich fertig. Bei geeigneter Form kann auch hier das letzte Testprogramm wieder für die Gesamtabnahme verwendet werden.

Der letzte Schritt ist die Validierung der Gesamt-Software gegen die Anforderung. Da es sich im allgemeinen um Benutzerschnittstellen handelt, bei denen manuelle Eingaben gemacht werden, muß man sich für diese Abnahme eine Prozedur überlegen, die aus verschiedenen richtigen und falschen Eingaben bestehen soll, gemäß den Nachweisforderungen im Anforderungsdokument.

Die Kürze dieses Abschnitts spiegelt die Tatsache wider, daß die Voraussetzungen für eine reibungslose Software-Integration bereits in der Entwurfsphase geschaffen wurden.

Allerdings können die Validierungstests ins Gewaltige wachsen, wenn man bestimmte Qualitätsmerkmale nachweisen muß. Das wollen wir hier aber nicht ausführen.

3.3.5 Der Software-Betrieb

Die fertige Software kann jetzt ihre erste Bewährungsprobe im echten Einsatz bestehen, sei es im „field-test" oder gleich im richtigen Betrieb.

3.3 Die Software-Phasen

Durch unsere Methodik sind nicht mehr allzu viele Fehler zu erwarten. Sollten wider alles Erwarten trotzdem Fehler auftreten, haben wir die Voraussetzungen durch die gute Dokumentation und die Testprogramme geschaffen. Diese Testprogramme sind nämlich direkt auch für die Wartungsaufgaben geeignet. Deshalb sollten sie genauso „eingefroren" werden wie die eigentlichen Programme.

Üblich ist heutzutage, daß sich das Wartungspersonal die Testprogramme noch einmal schreibt, weil die Programme des Entwicklers schon längst als Leichen auf irgendwelchen Floppies herumliegen. Eine höchst unwirtschaftliche Vorgehensweise.

Die Testprogramme sind sowohl für die Fehlersuche wie auch zur Verifizierung der Fehlerbehebung geeignet.

Wir wollen hier auf die einzelnen Fragen, wie man den Software-Betrieb am besten handhabt, auf die Probleme des Konfigurationsmanagements oder die Wiederverwendbarkeit für Neuentwicklungen, nicht näher eingehen. Bei der Fehlerbehebung sollte man aber bedenken, daß sie jedesmal wie eine kleine Entwicklung zu handhaben ist, sonst hat man über kurz oder lang den früheren chaotischen Zustand mit den entsprechenden Kostenfolgen wiederhergestellt.

Es muß also ein kleines Verfahren für die Fehlerbehebung vorgeschrieben werden. Neben dem kontrollierten Phasenablauf gilt hier vor allem, daß die Auswirkung der Änderung auf andere, eigentlich nicht unmittelbar betroffene Teile der Software überprüft wird und eine Entscheidung über die Art der Behebung auch unter wirtschaftlichen Gesichtspunkten getroffen werden soll. Vergessen Sie nicht, daß man durchaus mit bestimmten Software-Fehlern leben kann, wenn ihre Auswirkung bekannt ist. Das haben sich viele nur noch nicht klargemacht.

Im folgenden wollen wir an einem Beispiel die Brauchbarkeit unserer Theorien prüfen.

4 Ein Beispiel

Die Wahl des Beispiels war nicht unproblematisch. An einem ganz einfachen Beispiel hätte man in aller Breite und Tiefe die Vorgehensweise beschreiben können. Aber ein Programm, das nur das kleine Einmaleins ausrechnet, gibt nicht gerade sehr viel her. Die ganz kleinen Programme machen ja auch keine besonderen Schwierigkeiten. Ab einer gewissen Größe ist es jedoch unmöglich, auf diesem Raum alles zu demonstrieren. Da der Entwurf wohl die wichtigste Phase ist, weil er (fast) alles Spätere bestimmt, haben wir uns aus der Notwendigkeit der Beschränkung heraus entschlossen, die Codierung nur mehr an einem Modul durchzuführen.

Den Grobentwurf führen wir nahezu vollständig aus. Vielleicht ist es möglich, einmal an anderer Stelle ein ganzes Projekt zu behandeln.

Unser Beispiel ist der magere Anfang für ein Textsystem. Auf wichtige Eigenschaften, die gute Textsysteme heute bieten, haben wir der Einfachheit wegen verzichtet. Dies gilt zum Beispiel für eine komfortable Editierfunktion, für die Möglichkeit, das Druckformat zu bestimmen oder für die automatische Paragraphennumerierung. Ausgelegt soll das System aber so werden, daß solche Funktionen nachträglich ohne weiteres zu realisieren sind. Dies soll also ein Qualitätsmerkmal werden. Schwerpunkte unseres Beispiels sind demnach die Basisfunktionen des Abspeicherns, Korrigierens, Ausgebens und Löschens von Texten.

Wir gehen so vor, daß wir die einzelnen Phasen durchlaufen und die jeweils nötigen Schritte darstellen und auch kommentieren. Beginnen wir also mit dem Versuch einer Software-Anforderung:

Software-Anforderung
1 Allgemeiner Teil
1.1 Ziel des Systems

Es soll ein Textsystem mit den grundlegenden Funktionen
- Texte eingeben und abspeichern
- Texte korrigieren
- Texte löschen
- Texte ausgeben

erstellt werden. Die Texte sollen in Dateien auf Hintergrundspeicher abgelegt werden und unter bestimmten Namen zur Bearbeitung aufgerufen werden können. Die Texte sollen dabei beliebiger Art sein (darstellbar durch ASCII-Zeichen). Besonderer Wert ist darauf zu legen, daß die Funktionen erweiterbar sein müssen. Gedacht ist bei der Erweiterung an folgendes:

- Kennung der Texte nicht nur mit Namen, sondern auch mit einem Nummernsystem, das Dokumentationsparagraphen entsprechen soll
- Möglichkeit, sowohl nach dem Namen als auch nach den Nummern zu identifizieren
- Möglichkeit, beliebige Textbausteine zusammenzufassen zu neuen Bausteinen (MERGE-Funktion)
- Umfangreiche Strukturierung der Ausgabe auf Drucker (Zeilenlänge, Zeilenabstand, Textposition, Zeilenzahl/Seite, relative Seitennumerierung)
- Möglichkeit, jedes Textelement mit einem Bearbeitungsstatus zu versehen („neu", „in Bearbeitung", „in Änderung", „abgenommen") und die Elemente entprechend zu listen
- Möglichkeit, Textelemente vor Veränderung zu schützen
- Versionsführung von Textelementen
- Komfortable Editierfunktionen

1.2 Qualitätsprofil
Benutzbarkeit: Das System soll von den Textbearbeitern selbst bedient werden. Da dies ein fester Kreis von Dauerbenutzern ist, kann auf eine Menüsteuerung, die bei der Eingabe einen höheren Zeitaufwand erfordert, verzichtet werden. Vorzuziehen ist eine einfache Kommandosprache. Es soll in einer späteren Ausbaustufe auch möglich sein, alternativ zu den vollständigen Kommandos Kurzkommandos verwenden zu können.

Effizienz: Die Reaktionszeiten sollten in vertretbarem Rahmen bleiben, das heißt, eine Größenordnung unter den Eingabezeiten und den physikalisch vorgegebenen Zugriffszeiten des Hintergrundspeichers bzw. den Druckzeiten. Die Speichergröße für das Betriebsprogramm, das speicherresistent ablaufen soll, darf in dieser Ausbaustufe 8 K Code nicht überschreiten.

Änderbarkeit: Die Fähigkeit des Systems, die Realisierung von Erweiterungen auf einfache Weise zuzulassen, ist besonders hervorzuheben.

Portabilität: Bis auf die spezielle Verwaltung der Betriebsmittel (Hintergrundspeicher, Ein- und Ausgabegeräte) soll das System zu 100 % portabel sein. Der Entwurf ist entsprechend auszuführen.

2. Funktionen
2.1 Texte speichern
2.1.1 Leistungsbeschreibung
Texteingabe erfolgt über das Terminal. Unter einem Namen, der aus maximal acht ASCII-Zeichen ohne weitere Einschränkung bestehen soll, werden die Texte abgespeichert. Speicherelemente sollen dabei Sätze von 80 Zeichen Länge sein (entsprechend der Darstellungsbreite auf dem Bildschirm). Dabei soll die Zahl der Sätze nicht begrenzt sein. In der jetzigen Ausbaustufe soll die Gesamtlänge aller Texte jedoch begrenzt sein durch die Speicherkapazität eines Hintergrundspeicherelements (z. B. Floppy-disk). Die Zahl möglicher verwendbarer Namen soll ebenfalls begrenzt sein.

2.1.2 Nachweise
Die maximale Speicherbegrenzung durch den speziellen Hintergrundspeicher ist anzugeben. Der Nachweis der Funktion wird insbesondere durch folgende Überprüfungen erbracht:

- Eingabe eines Einzeltexts, der das Gesamtvolumen ausnutzt
- Eingabe von gleichartigen Textelementen unter verschiedenen Namen mit der Länge eines Satzes (80 Zeichen) und Überprüfung, ob Volumen genützt wird
- Überprüfung des Systemverhaltens bei Volumenüberschreitung
- Überprüfung des Systemverhaltens bei Satzlängenüberschreitung
- Überprüfen des Systemverhaltens bei Überschreitung der Namenslänge
- Überprüfen, ob der Versuch zurückgewiesen wird, gleiche Textnamen zu verwenden
- Auslesen der eingegebenen Namen (Elementliste) und der zugehörigen Texte und Überprüfung auf Richtigkeit der Einträge

2.2 Texte korrigieren
2.2.1 Leistungsbeschreibung

Eingegebene Texte sollen mit Hilfe eines einfachen Editors korrigierbar sein. Dabei soll der Name des Quelltextes angegeben werden sowie ein neuer Name für den Zieltext. Editierfunktionen in dieser Ausbaustufe: nur REPLACE (auch als DELETE zu verwenden) und INSERT. Text, der vor einem Editierkommando (REPLACE oder INSERT) eingegeben wird, soll wie eingegeben kopiert werden. Die Editierfunktionen sollen mit einem END-Kommando abgeschlossen werden. Die ausschließliche Verwendung des END-Kommandos soll ein reines Kopieren des Textes in das neue Element bewirken.

2.2.2 Nachweise
Durch folgende Schritte soll die Editierfunktion nachgewiesen werden:

- Einmalige Durchführung eines Editiervorgangs mit unterschiedlicher Kommandoreihenfolge und anschließender Verifizierung des generierten Textelements
- Eingabe eines nicht vorhandenen Quelltextnamens
- Eingabe eines bereits vorhandenen Zieltextnamens
- Verhalten bei Speicherüberschreitung durch Editiervorgang
- Eingabe falscher Editierkommandos (auch Eingabe richtiger, aber während des Editierens unzulässiger Systemkommandos)
- Eingabe richtiger Editierkommandos mit falscher Zeilennumerierung (Editierzeilennummer kleiner als aktuelle Zeilennummer, bzw. größer als Gesamtzeilenzahl)
- Eingabe zu langer Satzelemente (größer als 80 Zeichen)

2.3 Texte löschen
2.3.1 Leistungsbeschreibung

Mit einem speziellen Löschkommando sollen bestimmte Textelemente wieder entfernt werden können. Dabei ist die Datei so zu organisieren, daß durch das Löschen der entsprechende Platz wiedergewonnen wird.

2.3.2 Nachweise
- Überprüfung, ob gelöschtes Element aus Elementliste verschwunden ist (s. Funktion LIST in 2.4)
- Durch Eingabe entsprechend großer Texte, die einen Überlauf erzeugen, nachweisen, daß Löschvorgang entsprechenden Platzgewinn erzeugt

2.4 Texte ausgeben
2.4.1 Leistungsbeschreibung

Eingegebene Texte sollen in dieser Ausbaustufe wahlweise auf Drucker oder Bildschirm in ganzer Länge ausgegeben werden. Das Satzformat von 80 Zeichen soll dabei eingehalten werden. Zusätzlich muß auch eine Funktion vorgesehen werden, die die Elementliste ausgibt.

2.4.2 Nachweise
Ausdrucke müssen manuell mit dem eingegebenen Text verglichen werden. Es ist allerdings zu untersuchen, ob nicht eine automatische Prüfung realisierbar ist. Zusätzlich ist das Verhalten bei Angabe eines nicht vorhandenen Textelements zu prüfen.

3. Randbedingungen
3.1 Hardwareumgebung
(Hier ist die spezielle Rechnerausstattung anzugeben. Wir wollen aus naheliegenden Gründen auf eine Festlegung verzichten.)

3.2 Softwareumgebung
(Auf die Angabe eines Betriebssystems wollen wir aus den gleichen Gründen verzichten.) Realisierungssprache soll PASCAL oder BASIC sein (die Alternativen wählen wir natürlich nur wegen der Demonstration).

3.3 Normen und Richtlinien
- entfällt

3.4 Form und Inhalt der Dokumentation
(Da wir nicht die gesamte Dokumentation ausführen' wollen, werden wir uns hierzu auch ausschweigen.)

3.5 Spezielle Bedingungen
Der Autor darf nicht verpflichtet werden, kostenlos die Richtigkeit all dessen nachzuweisen, was hier steht und noch stehen wird.

Wenn Sie jetzt erschrocken sind über den Umfang dieser Anforderung für so ein relativ unkompliziertes System, so sollten Sie nicht den Schluß ziehen, daß dies ein Problem der Engineering-Methoden ist. Der Umfang deutet nur darauf hin, wie komplex sogar so ein einfaches System in Wirklichkeit ist, wie leichtsinnig es ist, es realisieren zu wollen, ohne diese Dinge nicht festgeschrieben zu haben. Wir wollen die Anforderung auch noch untersuchen und werden dabei feststellen, daß sie erhebliche Mängel hat, keine formalen Mängel, sondern Mängel in bezug auf die Qualitätsforderungen an das System. Noch eine Bemerkung zu den Überprüfungen: Wir würden den uns zur Verfügung stehenden Platz weit überschreiten, wenn wir die Einarbeitung der Beanstandungen darstellen würden. Wir müssen daher wohl oder übel darauf verzichten. Eine hübsche Aufgabe für denjenigen, der das Beispiel zur eigenen Verwendung nachvollziehen will.

Die detaillierte Überprüfung der Anforderung, besonders im Hinblick auf Konsistenz zu den Qualitätsmerkmalen, ergibt folgende Beanstandungen:

- Die feste Satzlänge von 80 Zeichen ist äußerst ungünstig für die Abspeicherung und für die Erweiterung des Systems. Eine Organisation ohne diese Einschränkung wäre vorzuziehen (was allerding Einfluß auf die Editierfunktion hat).
- Die Verwendung von ASCII-Zeichen ohne Einschränkung ist nicht realisierbar. Eine Kennung von Kommandos ist nötig, diese Kennung darf nicht als Beginn einer Textzeile zugelassen werden.
- Bei der Verwendung von Floppy-Disks als Speicher ist die Begrenzung auf eine Einheit sehr problematisch. Eine spätere Erweiterung ist nicht unkompliziert und sollte gleich vorgesehen werden.
- Die zeilenweise Editierung von Texten ist bei einer anderen Textorganisation nicht aufrechtzuerhalten. Es sollte überprüft werden, ob man nicht von vorneherein darauf verzichtet.
- Die vorgeschlagene Realisierung der Löschfunktion (PURGE) ist extrem gefährlich. Zumindest eine Quittierung durch den Benutzer vor dem eigentlichen Löschen sollte vorgesehen werden.
- Die Ausgabe längerer Textelemente auf dem Bildschirm ist in dieser Form sinnlos, wenn bei Erreichen einer vollen Bildschirmseite nicht unterbrochen werden kann (Einführung eines NEXT-PAGE-Kommandos!).
- Die Ausgabe auf Drucker sollte ebenfalls seitenweise erfolgen (z. B. DIN A4).
- Die Kommandosprache sollte noch in der Anforderung vereinbart werden.

Trotz aller berechtigten Einwände wollen wir nur den letzten nachholen, weil wir die Kommandosprache für das folgende benötigen. Wir haben übrigens englische Ausdrücke gewählt, weil die englische Sprache einfach besser geeignet für technische Formulierungen ist. Man möge uns das verzeihen, aber wir finden, daß deutsche Ausdrücke an dieser Stelle manchmal furchtbar gezwungen wirken, teilweise sogar recht komisch. Meist entsteht ohnehin nur eine Mixtur und auf ein deutsch-englisches Kauderwelsch können wir gerne verzichten.

Die Kommandos sind in *Abb. 4.1* dargestellt und erklären sich eigentlich von selbst. Die Form der Darstellung entspricht übrigens den üblichen Syntaxdiagrammen, die wir aber hier nicht näher erklären wollen (alles Großgeschriebene muß so hingeschrieben werden, wie es in den Diagrammen steht).

4 Ein Beispiel

```
*/STORE, {Textname}
*/PURGE, {Textname}
*/PRINT, {Textname}
*/PREPARE PRINT, DEVICE: ──<DISPLAY>
                           <PRINTER>
*/LIST, ──{Textname}──
         └ELEMENTS┘
*/EDIT, {Textname} INTO {Textname}
*/REPLACE, LINE {n} TO {m}
*/INSERT, LINE {n}
*/END
*/BYE
```

Abb. 4.1
Kommandosprache

In Anbetracht dessen, daß die Anforderung die Schnittstelle zwischen Auftraggeber und -nehmer darstellt, sollten wir an dieser Stelle noch einige Gedanken über Planung und Kalkulation verlieren. Erinnern wir uns an die Formel:

Mannstunden = 0,1* (leichte Befehle + 2* schwere Befehle) + 25 % Integration + 15 % Qualitätssicherungs-Aufwand.

Jetzt hilft nur die Erfahrung. In Gedanken machen wir ein wenig vorläufige Modularisierung, und kommen dann auf folgende Grobeinteilung (mit Tests):

● Steuerung und Kommandoübersetzung	etwa 1 K, schwer
● Dateiverwaltung (wenn eine Dateiverwaltung von Betriebssystemen her gegeben ist)	etwa 0,5 K, schwer
● Funktion „Eingeben"	etwa 0,1 K, leicht
● Funktion „Korrigieren"	etwa 0,5 K, schwer
● Funktion „Löschen"	etwa 0,1 K, leicht
● Funktion „Ausgeben"	etwa 0,5 K, leicht

Wir haben also 2 K schwere Befehle und 0,7 K leichte Befehle. Damit kommen wir auf etwa 635 Mannstunden. Diese Zahl ist mit Sicherheit erschreckend. Aber wenn man bedenkt, daß sie für die professionelle Erstellung der gesamten Software gilt, also für alle Phasen inclusive einer perfekten Benutzerdokumentation also auch inklusiv der Dokumentation für die Wartung, eingeschlossen auch alle Tests und überhaupt all dessen, was die Software zum Produkt macht, dann ist auch diese Zahl mit Sicherheit nicht zu hoch gegriffen. Sie zeigt höchstens, daß man intuitiv die Arbeit immer unterschätzt. Früher hätte man als ehrgeiziger Software-Künstler gesagt, daß man so etwas in einer Woche am Laufen hat. Nach einer Woche wäre auch so etwas ähnliches gelaufen. Aber ohne

Dokumentation, ohne Änderbarkeit, ohne Zuverlässigkeit, ohne Testprogramme, ohne Nachweismöglichkeiten, ohne Portabilität, ohne Wartungsmittel, mit einem Wort: ziemlich unbrauchbar.

Im Falle eines Einmannteams können wir dann auch gleich einen geplanten Auslieferungstermin vorhersagen, nämlich etwa vier Monate (bei geregelter Arbeitszeit). Auch für die Schätzung, ob der verlangte Arbeitsspeicher eingehalten werden kann, ist diese Zahl brauchbar. Bei höheren Programmiersprachen kann man mit 1:5 für das Verhältnis Befehl:Maschinencode rechnen. Das bedeutet, daß wir ca. 7,5 K erwarten müssen (2,7 K:1,5 K eigentl. Programm + 1,2-K-Test).

Ohne weitere Überleitung schreiben wir zum Entwurf. Als erstes überlegen wir uns die Hauptfunktionen und den prinzipiellen Datenfluß. Beides ergibt sich deutlich aus der Anforderung. Dargestellt ist das Ergebnis in *Abb. 4.2*. Die Definition der Datentypen

- Kommandos
- Textname
- Textelementliste
- Texte
- Terminal- und Druckerausgabe

nach Abb. 4.2 ist der nächste Schritt und in *Abb. 4.3* dargestellt.

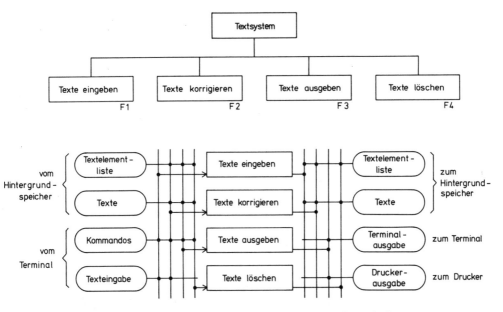

Abb. 4.2 Hauptfunktionen und prinzipieller Datenfluß

4 Ein Beispiel

1) Kommandos und Texteingabe

Kommando	übersetztes Kommando				
	Kdo.-code	Zieltext	Quelltext	Param. 1	Param. 2
*/STORE, {Textname}	1	{Textname}	–	–	–
*/PURGE, {Textname}	2	–	{Textname}	–	–
*/PRINT, {Textname}	3	–	{Textname}	–	–
*/LIST,⌐{Textname}⌐	4	–	–	1	–
⌊ELEMENTS⌋	4	–	–	1	–
*/PREPARE PRINT,DEVICE: ⌐DISP⌐	5	–	–	0	–
⌊PRIN⌋	5	–	–	1	–
*/EDIT, {Textn1} INTO {Textn.2}	6	{Textn.2}	{Textn.1}	–	–
*/REPLACE,LINE {n} TO {m}	7	–	–	n	m
*/INSERT,LINE {n}	8	–	–	n	–
*/END	9	–	–	–	–
Text	10	–	–	Adr.	–
*/BYE	–1	–	–	–	–
Fehler	0	–	–	(Fehlercode)	

2) {Textname} := max. 8 alphanumerische Zeichen, beginnend mit einem alphabetischen Zeichen

2) {Text}   := max. 80 ASCII-Zeichen, außer "*/" am Anfang

3) {Textelementliste (speicherresident, besser: Datenfile):

3)   I {Textname} I Dateianfangsadresse I Dateiendadresse I

3)   Struktur abhängig von Hintergrundspeicher bzw. Betriebssystem

4) Texte: sequentielle Datei: {Text} als Satzelement

5) Terminal- und Druckerausgabe: {Text}

Abb. 4.3 Datenstrukturen

Wir können jetzt die Funktionen verfeinern, um zu den elementaren Funktionen zu gelangen. Die *Abb.* 4.4 zeigt diese Verfeinerung. Während dieses Vorganges wurden schon Gemeinsamkeiten festgestellt (z. B. F 1.1 = F 2.1) und in der Darstellung nicht mehr extra ausgeführt. Dies ist schon ein erster, indirekter Schritt zur Modularisierung.

Um uns Klarheit über den logischen Ablauf zu verschaffen, müssen wir den Funktionsablauf noch darstellen. Wir führen das in *Abb.* 4.5 aber nur für die Funktion „Korrigieren" aus. Man beachte dabei die richtige Leseweise des Funktionsbaums: Es handelt sich um keine Aufrufsequenz. Die richtige Interpretation ist: die höhere Funktion „besteht aus" den unteren Funktionen. Daher kommen im Funktionsablauf immer nur die jeweils untersten Funktionen zum Vorschein.

4 Ein Beispiel

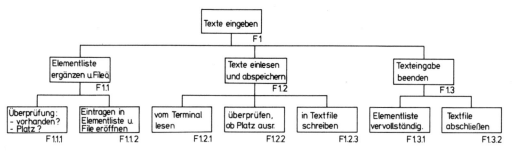

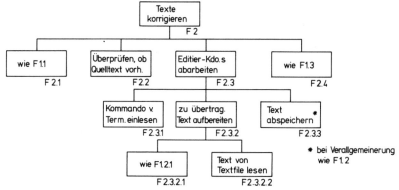

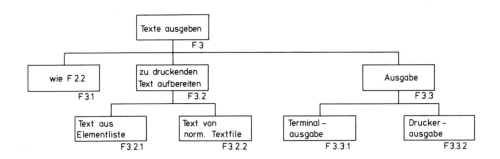

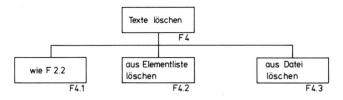

Abb. 4.4 Verfeinerung der Funktionen

4 Ein Beispiel

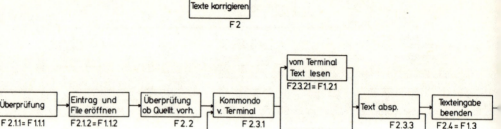

Abb. 4.5 Funktionsablauf des Zweigs „Text korrigieren"

Zusammenfassend haben wir jetzt also gemäß 3.3.2
- Funktionshierarchie
- Funktionsablauf
- Datenflußbeschreibung (wenn auch noch ziemlich grob)
- Definition der Datenmengen
- eine eigene Definition der Funktionen ersparen wir uns, weil sie einigermaßen aus den Abbildungen ersichtlich ist. Normalerweise sollte man dies aber auch explizit tun. Man hätte die Funktionen durchaus auch anders wählen können. Vor allem die Verfeinerung ist Geschmacks- oder besser Erfahrungssache. Wir erheben hier auch nicht den Anspruch, das Problem optimal verfeinert zu haben.

Der nächste Schritt ist jetzt die Auswahl der Bibliotheksfunktionen, um zur Modularisierung zu gelangen. Folgende Funktionen bieten sich an:

- Überprüfung, ob Element in Elementliste vorhanden
- Element in Elementliste eintragen
- Elementliste nach Texteintrag in Datei abschließen (Eintrag der Endadresse s. Abb. 4.2 und 4.3)
- Zeile aus Elementliste lesen
- Element aus Elementliste entfernen
- Eröffnen eines „Schreibfile" in der Datei
- Schreiben eines Textsatzes in Schreibfile mit Überprüfung
- Schreibfile abschließen
- Lesefile eröffnen
- Textsatz aus Lesefile lesen
- „Repack" der Datei (Löschen eines Textes aus der Datei)

● Lesen und Übersetzen einer Eingabe von Terminal (Kommando oder Text)
● Bildschirmausgabe
● Druckerausgabe

Nun kommen wir in Konflikt mit zwei Entwurfsprinzipien. Die EVA-Regel verlangt, daß jeder Modul nur einen Eingang hat, die „Information hiding"-Regel fordert den Zugriff auf eine Datei nur von einem Modul aus. Die Portabilitätsforderung soll den Ausschlag geben. Wir werden die Dateizugriffe und die Elementlistenzugriffe zusammenfassen. Das Problem mit EVA lösen wir so, daß es zwar nur einen Aufruf für die beiden Verwaltungsmodule geben wird, daß die Funktion dann aber über einen Parameter im Aufruf angewählt wird. Dies ist übrigens durchaus üblich und erlaubt, da auf diese Weise die Zugriffe durchsichtig und geregelt bleiben und die wichtigen Statusinformationen (besonders wichtig bei Disc-handling) in einem Modul zusammengefaßt sind. Die Zusammenfassung zeigt *Abb. 4.6*.

Aus der Erkenntnis, daß die Hauptfunktionen aufgrund der gewählten Bibliotheksmodule (wir dürfen sie jetzt so nennen) nicht mehr zu

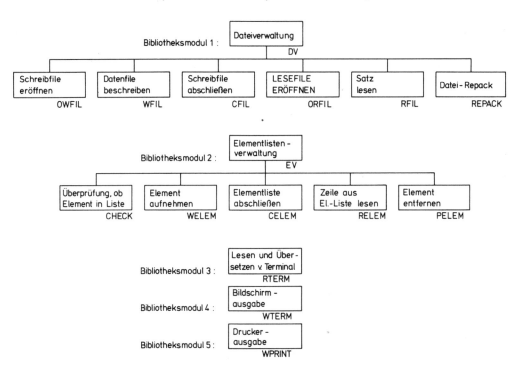

Abb. 4.6 Zusammenfassung von Bibliotheksfunktionen

4 Ein Beispiel

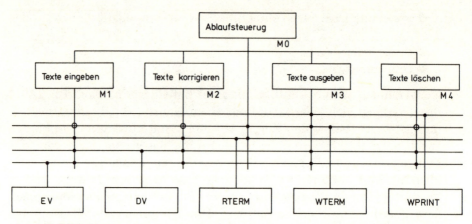

○ nur für Fehlermeldungen   Abb. 4.7 Modularisierung und Modulhierarchie des Textsystems

umfangreich sind, ist es sicher sinnvoll, sie einfach auch zu Modulen zu machen. Nehmen wir dann auch noch ein sicher nötiges Modul „Ablaufsteuerung" dazu, so sind wir jetzt in der Lage, die Modulstruktur in *Abb. 4.7* darzustellen. Übrigens ein gutes Beispiel, daß Funktionshierarchie und Modulhierarchie sehr unterschiedlich aussehen können.

Wir müßten nun die einzelnen Module definieren, ihre Eingänge, ihre Funktion und ihre Ausgänge. Wir führen das nicht mehr komplett aus. *Abb. 4.8* zeigt die Ein- und Ausgänge der Datei- und Elementlistenfunktionen im einzelnen. Als Beispiel die Beschreibung des Moduls „Text eingeben" im Detail:

Modul: „Text eingeben"
wird aufgerufen von: Modul „Ablaufsteuerung",
ruft auf: „Terminaleingabe", „Elementlistenverwaltung", „Dateiverwaltung", „Terminalausgabe" für Fehlermeldung.
Eingänge: Textname
Ausgänge: keine
Funktion: Verarbeitung des Kommandos:
./STORE, Textname. Wenn die Ablaufsteuerung dieses Kommando erkennt, ruft sie das Modul auf. Durchführung der folgenden Überprüfungen:

● Textname bereits vorhanden (Fehlerbedingung:Abbruch)
● Elementlistenüberlauf (Abbruch)
● wenn Eingabe kein Text oder ./END-Kommando (also ein anderes Kommando, was nicht erlaubt ist) (Abbruch)
● Dateiüberlauf (Abbruch und Element löschen)

Modulfunktion	Aufruf*	Eingang	Ausgang
Schreibfile eröffnen	DV (OWFIL, ..)	letzte belegte Adresse aus Elementliste (sh. Abb. 4.3-3)	Fehlerstatus (= : o.k. (= 1: Fehler)
Datenfile beschreiben mit Prüfung	DV (WFIL, ..)	Satzadresse	Fehlerstatus
Schreibfile abschließen	DV (CFIL, ..)	–	Fehlerstatus Dateiendadresse
Lesefile eröffnen	DV (ORFIL, ..)	Adresse aus Elementliste	Fehlerstatus
Satz lesen	DV (RFIL, ..)	Textadresse (wohin?)	Fehlerstatus
Datei-Repack	DV (repack, ..)	Adresse elementliste	Fehlerstatus
Überprüfung, ob Element in Elementliste	EV (CHECK, ..)	Elementname	Fehlerstatus (= 0: vorhanden (= 1: nicht vorh.)
Element aufnehmen	EV (WELEM, ..)	Elementname	Fehlerstatus (= 1: Überlauf)
Elementliste abschließen	EV (CELEM, ..)	Dateiendadresse (aus DV (CFIL, ..)	–
Zeile aus Elementliste lesen	EV (RELEM, ..)	Zeilennr.	Fehlerstatus
Element entfernen	EV (PELEM, ..)	Elementname	Fehlerstatus

*formaler Aufruf, bei unterschiedlichen Sprachen verschieden zu realisieren

Abb. 4.8 Ein-/Ausgabedaten der einzelnen Funktionen in Elementlistenverwaltung (EV) und Dateiverwaltung (DV)

Soweit die Moduldefinition. Und damit soweit der Grobentwurf. Übrigens wäre man unter Umständen in diesem Falle über eine „Bottom-up"-Entwurfsmethode einfacher zum Ziel gelangt. Die berühmte Ausnahme, die die Regel bestätigt.

Als nächstes käme der Testentwurf für die Module wie für den Gesamttest. Die Anforderungen hierfür sind ja detailliert festgelegt worden. Beschränken wir uns auf ein paar Andeutungen, was den Gesamttest betrifft (gemeint ist der Validierungstest, der ja die Forderungen aus der Software-Anforderung nachweist). Bedingt durch unser Beispiel ist es nämlich nicht so ohne weiteres möglich, einen automatischen Test durchzuführen. End-to-End ist hier ja die Eingabe vom Terminal und die Ausgabe auf das Terminal. Also keine automatisch erzeugbaren und überprüfbaren Daten. Die automatische Überprüfung ließe sich nur realisieren, indem man die Ein- und Ausgabemodule durch Simulatoren ersetzt, die Daten von Datenfiles abholt und wieder speichert. Das wäre eine gute Möglichkeit, wenn man nicht gerade dazu die Dateifunktionen benötigte, die man realisieren muß. Ob man nun den manuellen Weg mit Hilfe einer verfaßten Testprozedur oder den komplizierteren, automatischen Weg wählt, können wir hier nicht entscheiden. Das hängt einzig vom Verwendungszweck des Programms ab. Bei vielen zu erwartenden Modifikationen (bei Verwendung als Produkt) ist die automatische Prüfung vorteilhafter, weil sie schnell durchzuführen ist. Bei nahezu einmaliger Verwendung ist die manuelle Testprozedur wegen ihrer geringeren Vorbereitungszeit trotz langer Durchführungszeit wesentlich günstiger.

Kommen wir zum Qualitätssicherungs-Schritt, der Grobentwurfsüberprüfung.

Zu 1: Funktion und Nachweis (letzteren klammern wir aus)
1.1 Erfüllung der Funktionen und Widerspruchsfreiheit sind gegeben. Nicht klar ist, ob die Elementliste als Datei geführt wird, was eine Voraussetzung für die Unbegrenztheit der Namen ist.

1.2 entfällt, wie oben bemerkt

1.3 Qualitätsmerkmale
Benutzbarkeit: Kommandosprache, einleuchtend und konsistent, eine Unterscheidung in Ebenen wäre evtl. vorzuziehen (z. B. REPLACE niedriger als EDIT)

Effizienz: Die Laufzeiteffizienz wird voraussichtlich unproblematisch sein. Die Kalkulation zeigt jedoch, daß die Einhaltung von 8-K-Speicherplatz problematisch werden könnte.

Änderbarkeit: Die Hinzunahme neuer Funktionen scheint leicht realisierbar zu sein. Die Erweiterbarkeit der Funktionen selbst kann aus dem Grobentwurf aufgrund der Art der Modularisierung nicht beurteilt werden.

Portabilität: Von der Entwurfsseite gut realisiert (Dateiverwaltung, Terminal- und Druckerfunktionen in jeweils einem Modul)

Zu 2. Entwurfsregeln
2.1 Hierarchie und Strukturierung in Ordnung
2.2 Bibliotheksmodule sinngemäß in unterster Ebene. Information-hiding-regel begründet Ausnahme
2.3 erfüllt. Das Modul „Terminaleingabe" ist jedoch viel zu groß und bedarf einer weiteren Verfeinerung. In der jetzigen Version wird es voraussichtlich nahezu 1 K groß.
2.4 Schnittstellen nach außen in Ordnung
2.5 Datenzugriffssteuerung erfüllt
2.6 Schnittstellen untereinander in Ordnung. Die Fehlerbehandlung sollte jedoch zentral in der Ablaufsteuerung erfolgen. Beim jetzigen

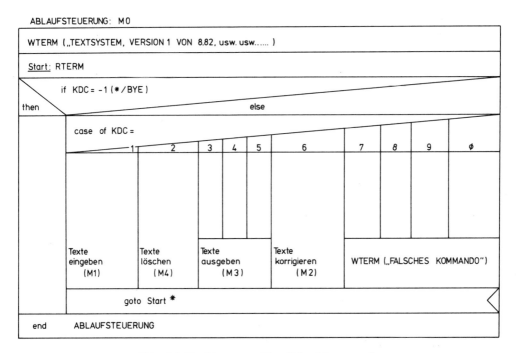

Abb. 4.9 Struktogramm für „Ablaufsteuerung"

4 Ein Beispiel

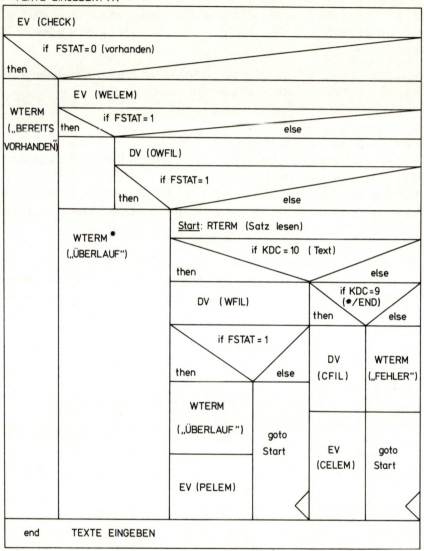

* diese beiden Zweige sollten allerdings besser nicht zusammengefaßt werden (erfordert ein „goto")

Abb. 4.10 Struktogramm für „Texte eingeben"

4 Ein Beispiel

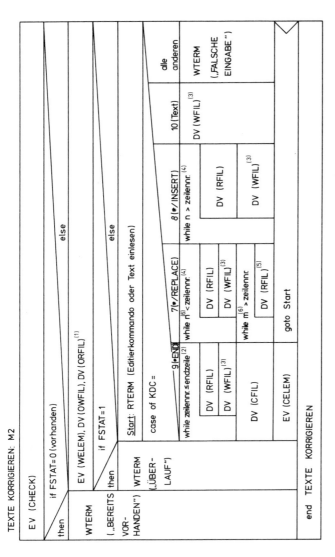

(1) Darstellung vereinfacht; jeder Aufruf ist getrennt abzufragen
(2) Rest kopieren
(3) Überlaufabfrage weggelassen
(4) Initialisierung und Hochzählen der Zeilennr. (= Satznr.) nicht dargestellt
(5) „Delete" Zeilen zwischen n und m (nur lesen, nicht schreiben)
(6) Bedeutung von n und m siehe Abb. 4.3-1

Abb. 4.11 Struktogramm für „Texte korrigieren"

4 Ein Beispiel

Testdaten für die Pfadanalyse von „Texte eingeben":

„Stubparameter [1] \ Testfall	1	2	3	4	5	6	7ff.	8 [4]
EV (CHECK,......,FSTAT)	0	1	1	1	1	–	–	–
EV (WELEM,........,FSTAT)	X	1	0	0	0	–	–	–
DV (OWFIL,........, FSTAT)	X	X	1	0	0	–	–	–
RTERM (KDC,........)	X	X	X	10	10	9	[3]	9
DV (WFIL,........, FSTAT)	X	X	X	1	0	X	X	X
Sollergebnis	WTERM („BEREITS VORHANDEN")+Ende	WTERM („ÜBERLAUF")+Ende	WTERM („ÜBERLAUF")+Ende	WTERM („ÜBERLAUF")+EV (PELEM) (Stub-aufruf)	Zweig Start [2]	DV (CFIL) + EV (CELEM) (Stub-aufrufe)	WTERM („FEHLER"),Zweig Start [2]	wie 6!

(1) der lt. Tabelle zu variierende Parameter ist jeweils unterstrichen
(2) in diesem Falle würde ein Testpunkt, der das „goto" unterdrückt, die Analyse vereinfachen
(3) alle gültigen KDCs außer: −1, 9, 10
(4) als ordnungsgemäßer Testabschluß
X   Wert beliebig

Abb. 4.12 Tabelle der Testdaten für Modultest des Moduls „Texte eingeben"

Programmkopf:

```
100 REM MODUL:            "TEXT EINGEBEN"
110 REM TEXTSYSTEM,VERSION: 1,AENDERUNGSSTAND: 0
120 REM STATUS:           IN BEARBEITUNG
130 REM AUTOR:            F.HAUGG , TELEFON: 0815
140 REM AUFRUF VON:       "ABLAUFSTEUERUNG"
150 REM RUFT:             EV(CHECK,WELEM,PELEM,CELEM)
160 REM                   DV(OWFIL,WFIL,CFIL)
170 REM                   RTERM,WTERM
180 REM
190 REM TEXT EINGEBEN HAT DIE AUFGABE VOM TERMINAL
200 REM EINGEGEBENE TEXTE UNTER DEM NAMEN DES */STORE-
210 REM KOMMANDOS AUF EINEM DATENFILE ZU SPEICHERN
```

Deklarationsteil:

```
300 REM EINGANGSDATEN:    KOMMANDOCODE:KDC,TEXTNAME:TN
310 REM AUSGANGSDATEN:    KEINE
320 REM INTERNE DATEN:    FEHLERSTATUS FSTAT
330 REM                   EV-BZW. DV-FUNKTION: FK
340 REM                   AKTUELLER NAME: ATN$
350 REM                   SATZSTRING: ST$,AST$
360 REM
```

Programmteil:

```
400 REM START PROGRAMMTEIL
410 REM: FK = 1:FUNKTION CHECK, EV BEI ADR: 1000
420 LET FK = 1
430 LET ATN$ = TN$
440 GOSUB 1000
450 IF FSTAT = 1 THEN 500
460 REM WTERM(ADR.2000) UND ENDE
470 LET AT$ = "NAME BEREITS VORHANDEN"
480 GOSUB 2000
490 RETURN
500 REM NAME NOCH NICHT BELEGT
510 REM FK = 2:NAME EINGETRAGEN, EV-AUFRUF
520 LET FK = 2
530 LET ATN$ = TN$
540 GOSUB 1000
550 IF FSTAT = 0 THEN 600
560 REM UEBERLAUF
570 LET AT$ = "UEBERLAUF"
580 GOSUB 2000
590 RETURN
600 REM FK = 1: DV-FILE ERÖFFNEN(ADR.3000).
610 LET FK = 1
620 GOSUB 3000
630 IF FSTAT = 1 THEN 560
640 REM BEFEHL 630: UEBERLAUF
650 REM "ELSE" SATZ EINLESEN RTERM(ADR.4000),MARKE:START
660 GOSUB 4000
```

Abb. 4.13 Modul „Texte eingeben" in BASIC

4 Ein Beispiel

```
670 IF KDC = 10 THEN 830
680 REM "ELSE" CHECK, OB END
690 IF KDC = 9 THEN 750
700 REM "ELSE" WTERM(FEHLER)
710 LET AT$ = "FEHLER"
720 GOSUB 2000
730 REM GOTO START
740 GOTO 650
750 REM END-KOMMANDO
760 REM ABSCHLIESSEN:FK = 2 FUER DV, = 4 fuer EV
770 LET FK = 2
780 GOSUB 3000
790 LET FK = 4
800 GOSUB 1000
810 REM "ENDE"
820 RETURN
830 REM  ZWEIG: KEIN KOMMANDO,SONDERN TEXT
840 REM FK = 3, DV-SATZ SCHREIBEN
850 LET FK = 3
860 LET ST$ = AST$
870 GOSUB 3000
880 REM UEBERLAUF-CHECK
890 IF FSTAT = 1 THEN 920
900 REM "ELSE" GOTO START
910 GOTO 650
920 REM UEBERLAUF,WTERM
930 LET AT$ = "UEBERLAUF"
940 GOSUB 2000
950 REM FK = 5, EV-Element LOESCHEN
960 LET FK = 5
970 LET ATN$ = TN$
980 GOSUB 1000
990 RETURN
```

Abb. 4.13 Modul „Texte eingeben" in BASIC

Entwurf eventuell Logikprobleme (richtige Rückgabe an Ablaufsteuerung)

2.7 und 2.8 in Ordnung

2.9 Ausnahme bei Dateiverwaltung und Elementlistenverwaltung durch entsprechende Vorkehrung (Steuerung über Parameter) erlaubt. Allgemeine Bemerkung zur Modularisierung: Die Aufteilung in Elementlistenverwaltung und Dateiverwaltung ist unter Umständen ungünstig. Es wäre von Vorteil zu überprüfen, ob die Aufteilung mehr funktionsorientiert geschehen kann.

Zu 3, den Randbedingungen können wir zwangsläufig nichts feststellen.

Jetzt kann der Feinentwurf folgen. Wir haben beispielhaft für drei Module die Struktogramme ausgeführt, für die Ablaufsteuerung (Abb. 4.9), für „Text eingeben" (Abb. 4.10) und für „Text korrigieren" (Abb. 4.11). Für das Modul „Text eingeben" haben wir keinen Testentwurf ausgeführt. Für diesen Modultest müssen viele Stubs erzeugt werden. Bei einem automatischen Test arbeiten diese Stubs eine Tabelle ab, die das Durchlaufen sämtlicher Zweige im Modul „Text eingeben" bewirkt. Diese Tabelle ist in Abb. 4.12 dargestellt. Man kann sich leicht überzeugen, wie das funktioniert. Den Test selbst wollen wir hier nicht ausführen.

Vorher aber die Feinentwurfsüberprüfung:

1. Forderungen aus der Moduldefinition sind erfüllt

2. Datenbeschreibung für Codierung noch zu ungenau (diese Lücke schließen wir bei der Codierung, was man eigentlich nicht erst dann tun sollte)

3. Fehlerfälle sind abgedeckt, Fehlerbearbeitung sollte allerdings zentral erfolgen (siehe Grobentwurfsüberprüfung)

4. Strukturierungsregeln in Ordnung (Struktogramme!)

Da sich der Grobentwurf durch unsere nur beispielhafte Vorgehensweise nicht ändert, entfällt für uns die endgültige Entwurfsüberprüfung. Wir kommen also zur Realisierung und dabei zuerst zur Codierung. Um einen guten Vergleich zu geben, codieren wir das Modul in BASIC und in PASCAL. Die Ergebnisse zeigen die Abb. 4.13 und 4.14. Sie machen ohne weiteren Kommentar auch die Unterschiede deutlich. Die Inspektion des Codes anhand unserer Checkliste wollen wir dem Leser überlassen. (Nebenbei: Die Schätzung der Codemenge war ganz gut.)

Der nächste Schritt, der Modultest, erfolgt mit Hilfe des Testprogramms automatisch. Wie sich der Integrationstest für den *Baustein* „Text eingeben" realisieren läßt, ist nun ersichtlich. Man muß nur die „Stubs" stufenweise durch die echten, aber ausgetesteten Module ersetzen. Im gleichen Sinne wäre dann ein Modultest für die Ablaufsteuerung für den Gesamttest (Integrationstest, nicht Validierungstest) leicht umzufunktionieren. Bedenken Sie dabei, daß alle Zwischenstufen als wichtige Grundlage für die Wartungstests erhalten bleiben müssen.

Ja, und damit wären wir eigentlich am Ende. Gerade mit unserem Beispiel haben wir bestimmt die Bedenken ausgeräumt, daß durch Soft-

4 Ein Beispiel

```
procedure texteingabe(var:kdc: integer; var tn: text)
(*modul des textsystems, version:1
   aenderungsstand: 0
   status: in bearbeitung
   autor: f.haugg, telefon: 0815
   datum: 8.82
   pascal system: xyz
   ################################
   aufruf von: ablaufsteuerung
   ruft auf: ev,dv,rterm,wterm
   ############################
   modul texteingabe hat die aufgabe vom terminal ein-
   gegebene texte unter dem namen 'tn' auf einem daten-
   file zu speichern.                                    *)
(* deklarationsteil:                                     *)
type funktion = (check,welem,pelem,celem,owfil,wfil,cfil);
var tn: text ;
var kdc: integer;
var fstat: boolean;
label 100;
(*programmteil:                                          *)
begin
  ev(check,tn,fstat);
    if fstat = false then wterm('name bereits vorhanden');
    else
      begin
        ev(welem,tn,fstat);
        if fstat = false then wterm('überlauf')
        else
          begin
            dv(owfil,fstat);
            if fstat = false then wterm('ueberlauf')
            else
              begin
100:          rterm(kdc,tn);
                if kdc = 10
                  then
                    begin
                    dv(wfil,fstat);
                    if fstat = false
                    then begin wterm('ueberlauf');ev(pelem,tn,fstat);end
                    else goto 100;
                    end;
                  else
                    begin
                    if kdc = 9
                    then begin dv(cfil,fstat);ev(celem,tn,fstat);end;
                    else begin wterm('fehler');goto 100; end;
                  end;
              end;
          end;
      end;
end; (*modul texteingabe*)
```

Abb. 4.14 Modul „Texte eingeben" in PASCAL

ware-Engineering und -Qualitätssicherung die Software-Entwicklung ein mechanischer und stumpfsinniger Prozeß wird, daß die Einschränkungen allen Spaß verderben werden. Die Software bleibt eine ungemeine Herausforderung an den Entwickler, es hat sich nur vieles nach vorne verlagert, erwiesenermaßen zum Vorteil für die Software und nicht zum Nachteil für den Entwickler (wenn man es nicht als Nachteil betrachtet, daß man viel weniger am Terminal sitzt wie vorher).

Und wenn Ihnen noch nicht alles klar geworden ist, trösten Sie sich mit dem Gedanken, daß es auf der ganzen Welt noch keinen gibt, dem alles wirklich klar geworden ist. Auch wenn manche glauben, ein paar hellere Stellen beim Tappen im Nebel entdeckt zu haben, so schnell wird sich der Nebel nicht lichten.

Und eigentlich macht das doch auch den Reiz der Software aus.

Literaturverzeichnis

[1] *Gewald, Haake, Pfadler:* Software Engineering-Grundlagen und Technik rationeller Programmentwicklung
Reihe Datenverarbeitung, R. Oldenbourg Verlag, München, Wien, 1982
[2] *Glenford J. Myers:* The Art Of Software Testing (Englisch)
John Wiley & Sons, New York, Chichester, Brisbane, Toronto, 1979
[3] *James A. McCall,* et. al.: Software Quality Measurement Manual, Vol. I und II (Englisch)
Rome Air Development Center, April 1980
[4] *Maurice H. Halstead:* Elements Of Software Science (Englisch)
North Holland, New York, Oxford, 1977
[5] *Barry W. Boehm:* Characteristics Of Software Quality (Englisch) TRW Series of Software Technology, North Holland,
Amsterdam, New York, 1978, 2. Auflage von 1980
[6] *H. Sneed:* Software-Entwicklungsmethodik
Verlagsgesellschaft Rudolf Müller, Köln-Braunsfeld, 1980
[7] *M. Jackson:* Principles Of Program Design (Englisch)
Academic Press, New York, London, 1975
[8] *James L. Peterson:* Petri Nets (Englisch)
Computing Surveys, Vol. 9, No. 3, Sept. 1977
[9] *Edward Miller:* Tutorial: Automated Tools For Software Engineering (Englisch) IEEE Catalogue-Nr. EHO 150-3

Weitere Literatur zum Thema:
Robert Gunning: How To Take The Fog Out Of Writing (Englisch)
Dartuell Press, Inc., Chicago I11, 1962, 64 Seiten
Glenford J. Myers: Software Reliability-Principles And Practices (Englisch); John Wiley & Sons, New York, 1976
Edward Miller, W. Howden: Tutorial: Software Testing And Validation Techniques (Englisch)
IEEE-Catalogue-Nr. EHO 180-0, 1981
D. Teichroew and M. Bastarache: PSL User's Manual (Englisch)
ISDOS Working Paper No. 98, 1975

Literaturverzeichnis

Barry W. Boehm: Software Engineering Economics (Englisch)
Prentice. Hall, Inc., Englewood Cliffs, New Jersey, 07632, 1981, 765 Seiten

Edward H. Bersoff, Vilas D. Henderson, Stanley G. Siegel: Software Configuration Management – An Investment In Product Integrity (Englisch)

K. Jensen und N. Wirth: PASCAL-User Manual And Report (Englisch); Springer 1978, 2. Auflage

R. Herschel und F. Pieper: Systematische Darstellung von PASCAL und Concurrent PASCAL für den Anwender
Oldenbourg, 1979

G. Goos and J. Hartmanis: The Programming Language ADA – Reference Manual (Englisch)
Springer Berlin, Heidelberg, New York

H. H. Schulze: Lexikon zur Datenverarbeitung – Schwierige Begriffe, einfach erklärt
Rororo-Handbuch

Sachverzeichnis

A

ADA 66
Änderbarkeit 19 ff, 93 ff
Assembler 66

B

Balkenplan 88
BASIC 66
Basislinie (Base Line) 40
Benutzbarkeit 19 ff, 93 ff
Bibliotheksprogramm 101 f
Blockstruktur 49
Bottom-up 62

C

Codierung 36, 109 ff
Code-Inspektion 58, 111
– Walkthrough 58

D

Debugging 111
Definitionsphase 33, 95 ff
Dokumentation 63 ff, 84 ff
– qualität 64
– tools 73 f

E

Effizienz 19 ff, 93
Entscheidungstabellen 54 f
Entwicklungskosten 76 ff
Entwurf 33 f, 50 f, 98 ff
–, datenbezogener 52
–, funktionsbezogener 50 ff
– review 91, 104
EPOS 70
EVA 55, 103

F

Feinentwurf 34, 107 ff
Flußdiagramm 52 f

G

Grobentwurf 34, 49 f, 98 ff

I

Information hiding 57
Integration 36, 62, 112
IPO 55

J

Jackson-Methode 52

K

Kalkulation 79

M

Modularisierung 34, 98 ff
– test 61, 105

N

Nachweis 97 f

O

Organisation 46 f, 81 ff

P

PASCAL 66
Petrinetze 55
Phasenkonzept 31 ff, 47 ff, 94 ff
Planung 40 ff, 87 ff
PLASMA 70
Portabilität 19 ff, 93 ff
Programmiersprache 10, 65 ff
–, höhere 10
Programmierung, strukturierte 15, 58
Prüfbarkeit 19 ff, 93 ff
PSL/PSA 72
Pseudosprachen 54

Q

Qualitätsmerkmale 19 ff, 93 ff

R

Review 44 f
Risikoklassen 29, 78
Robustheit 19 ff, 93 ff

S

SADT 69 f
Sicherheit 19 ff, 93 ff
Software der 4. Generation 16
– Entwicklungshandbuch 80
– Metrik 17 ff, 23
– Qualität 19 ff, 93 ff
– Tool 67 ff
Struktogramm 53
Stub 62, 105

T

Test 60 ff
Top-down 42, 62

V

Validierung 42 f
Verifikation 42 f
Verwendung 31 ff, 112 f

W

Wartung 113
Weiterverwendbarkeit 19 ff, 93 ff

Z

Zuverlässigkeit 19 ff, 93 ff

Weitere Franzis-Computer-Fachbücher

Basic für Einsteiger
Der leichte Weg zum selbständigen Programmieren.
Von Rudolf **Busch**.
239 Seiten, 32 Abbildungen.
Lwstr.-geb. DM 38.–
ISBN 3-7723-7081-0

Von Anfang an wird die Programmiersprache BASIC dem Anfänger dargestellt. Anhand von zahlreichen, anregenden Beispielen werden die Sprachelemente erläutert und ihre richtige Anwendung geübt. Dem Benutzer des Buches wird vom Autor beigebracht, wie eine Problemstellung zu analysieren ist und wie sie dann Schritt für Schritt in lauffähige Basic-Programme umgesetzt werden kann. Die Beispiele, mit denen der Autor sein Ziel erreicht, sind aus dem täglichen Leben gegriffen. Hier eine knappe Themenauswahl: Der Computer als... Kaufmannsgehilfe, als Managementberater, als Textautomat, als Lagerverwalter, als Vermögensberater, als Sortiermaschine... Was will man mehr!

Mikrocomputer von A bis Z
Bits und Bytes und andere EDV-Begriffe verständlich gemacht.
Von **Herwig Feichtinger**.
176 Seiten, 34 Abbildungen.
Lwstr.-geb. DM 24.–
ISBN 3-7723-7061-6

Dieses Begriffswörterbuch dient der täglichen Praxis. Es macht das unumgängliche „Fach-Chinesisch" der Computer-Branche verständlich.
Dieses Begriffswörterbuch führt zu objektiven und sachgerechten Beurteilungen der Herstellerangaben. Das spart unter Umständen die Ausgabe von einigen tausend Mark, weil es zu der richtigen Auswahl des richtigen Computers führt.
Dieses Begriffswörterbuch ist auch ein einfaches, elementares Lehrbuch der Mikrocomputertechnik. Wer von ihr angehaucht worden ist, liest die Definitionen hintereinander wie ein gut gemachtes Fachbuch und hat erheblichen Nutzen davon.

Basic-Interpreter
Funktionsweise und Implementierung in 8080/Z-80-Computern.
Von Rolf-Dieter **Klein**.
2., verbesserte Auflage. 178 Seiten, 45 Abbildungen.
Lwstr.-geb. DM 36.–
ISBN 3-7723-6942-1

Wie man 8080- oder Z-80-Systeme nachträglich mit einem Basic-Interpreter ausrüsten kann, beschreibt dieses Buch. Dabei werden mehrere Ausführungen erörtert und beschrieben. Die beiden interessantesten sind: Ein Tiny-Basic-Interpreter und ein komfortabler 12-KByte-Basic-Interpreter. Die Krönung bildet die ausführliche Beschreibung eines Basic-Interpreters für den 16-Bit-Prozessor Z8000.

Pascal: Einführung – Programmentwicklung – Strukturen
Ein Arbeitsbuch mit zahlreichen Programmen, Übungen und Aufgaben.
Von **Jürgen Plate** und **Paul Wittstock**.
387 Seiten mit 178 Abbildungen.
Lwstr.-geb. DM 48.–
ISBN 3-7723-6901-4

Das Buch könnte auch die Pascal-Fibel genannt werden. Schritt für Schritt führt es den Leser in das Programmieren mit Pascal ein. Die Autoren haben sich echt in die Ahnungslosigkeit des Anfängers hineinversetzt. Sie bringen ihm das besondere Denken des routinierten Programmierers bei. Das Verblüffende dabei ist, sie kommen mit einer einfachen klaren Sprache aus, verabscheuen das EDV-Chinesisch, setzen nichts voraus, können wunderbar erklären. Wer sich an dieses Buch heranmacht, meint, es gäbe nichts Einfacheres als Pascal.

Erfolgreicher mit CBM arbeiten
Für alle CBM-Anwender eine verständliche Einführung in die Maschinensprache.
Von Dipl.-Ing. Franz **Wunderlich**.
148 Seiten, 8 Abbildungen.
Lwstr.-geb. DM 34.–
ISBN 3-7723-7051-9

CBM-Anwender mit Basic-Erfahrung holen mit diesem Buch mehr aus ihrem Computer heraus. Sie können nämlich mit dem Programmieren in der Maschinensprache beginnen. Zunächst wird ihnen beigebracht, wie ein 6502 programmiert wird. Zahlensysteme, Speicherkonzepte, Adressierung und Befehlssätze werden behandelt und gewinnen Klarheit. Im Hauptteil wird speziell die geräteabhängige Software der Commodore-Serie CBM abgehandelt. So wird beschrieben, wie Interpreter, Betriebssysteme, Monitor und Peripherie arbeiten. Natürlich bringt der Autor auch fertige Programme und viele CBM-spezielle Anwenderbeispiele im Anhang.

Basic für Mikrocomputer
Geräte – Begriffe – Befehle – Programme.
Von Herwig **Feichtinger**.
2., neu bearbeitete Auflage. 264 Seiten, 42 Abbildungen.
Lwstr.-kart. DM 28.–
ISBN 3-7723-6822-0

Dieses praxisorientierte Buch ist Einführung und Nachschlagewerk zugleich. Begriffe aus der Computer-Fachsprache wie ASCII, RS-232-Schnittstelle oder IEC-Bus werden ebenso ausführlich erläutert wie alle derzeit üblichen Befehlsworte. Marktübliche Basic-Rechner werden einander gegenübergestellt, um vor dem Kauf die Wahl zu erleichtern und um das Anpassen von Programmen an den eigenen Rechner zu ermöglichen. Schließlich findet der Leser handfeste Tips für das Erstellen eigener Programme und Beispiele fertiger Problemlösungen für typische Anwendungsfälle.

Preisänderungen vorbehalten!

Franzis-Verlag, München

Weitere Franzis-Computer-Fachbücher

Z-80-Applikationen

Eine Sammlung von gut dokumentierten Programmen, die universell anwendbar sind.
Von Michael **Klein**.
144 Seiten, 89 Abbildungen.
Lwstr-geb. DM 36.–
ISBN 3-7723-6672-4

Das Applikationsbuch ist ein Schritt in die Richtung „Lösen von Standardproblemen".
Dem Benutzer werden einige fertige Programme angeboten und erklärt, anhand derer er entweder seine eigenen Probleme verstehen und bewältigen kann, oder die er mindestens teilweise übernehmen kann.
Bewußt legt der Autor den Schwerpunkt auf die sofortige Anwendbarkeit der dargestellten Methoden und Programme. Er bietet Standardlösungen z. B. für die Ein-/Ausgabe über eine serielle Schnittstelle oder Interruptschaltung, führt Programme zur Meßwertverarbeitung an und zeigt, wie man sich nützliche Arbeitshilfen schaffen kann.

Mikrocomputersysteme

Selbstbau – Programmierung – Anwendung.
Von Rolf-Dieter **Klein**.
3., verbesserte Auflage, 159 Seiten, 134 Abbildungen und 12 Tabellen.
Lwstr-geb. DM 34.–
ISBN 3-7723-6383-0

Kaum zu glauben, daß ein Mikrocomputer im Selbstbau hergestellt werden kann! Daß dieses Vorhaben glückte, hat der Autor bewiesen. Wie ein hinreichend ausgebildeter Elektroniker das nachvollziehen kann, wird in dem Buch hier dargestellt. Zunächst wird die Hardware geschaffen, deren Elemente zu einer funktionierenden Einheit zusammengeschlossen werden. Danach die Software. Ausführliche Programme werden vorgestellt, die Spiele und mathematische Aufgaben lösen können.

IEC-Bus

Die Funktionsweise des IEC-Bus und seine Anwendung in Geräten und Systemen.
Von Dr. Anton **Piotrowski**.
300 Seiten, 125 Abbildungen und 95 Tabellen.
Lwstr-geb. DM 48.–
ISBN 3-7723-6951-0

Hier liegt eine fachgerechte Darstellung der Funktionsweise des IEC-Bus und dessen Anwendung in den Geräten und den Systemen vor. Diese gliedert sich in drei Teile: 1. Theoretische Grundlagen der Funktion des IEC-Bus mit ausführlicher Beschreibung der Nachrichten- und der Zustandsdiagramme. 2. Beschreibung der IEC-Interface-Bausteine und deren Anwendungen bei der Realisierung von IEC-Schnittstellen mit Mikroprozessoren. 3. Gerätetechnik, Aufbau und Programmierung von IEC-Bus-Systemen, inklusiv der Fehleranalyse. Die Darstellung zeichnet sich durch eine bewundernswerte Systematik und eine klare Sprache aus. Damit ist gewährleistet, daß der in der Praxis erfahrene Techniker und Informatiker den IEC-Bus in allen seinen Varianten versteht und aufnimmt. Ausgewählte und in sich abgeschlossene praktische Anwendungsbeispiele in Hard- und Software erleichtern ihm die tägliche Arbeit.

Was ist Pascal?

Eine einfache und kompakte Darstellung der Programmiersprache mit vielen Beispielen.
Von Rolf-Dieter **Klein**.
124 Seiten, 72 Abbildungen.
Lwstr-geb. DM 28.–
ISBN 3-7723-7001-2

Dies ist eine praxisnahe Arbeitsanleitung von Anfang an mit Pascal zu programmieren. Gerade eine schrittweise Einführung beantwortet am besten und schnellsten die Frage: Was ist Pascal?
Von anderen Pascal-Büchern unterscheidet sich dieses dadurch, daß es auf die Erfordernisse der Mikrocomputer und Heimcomputer besonders eingeht.

Mikrocomputer Hard- und Softwarepraxis

Anhand ausführlicher Beispiele und größerer Programme wird das Programmieren immer perfekter.
Von Rolf Dieter **Klein**.
220 Seiten, 125 Abbildungen, 6 Tabellen.
Lwstr-geb. DM 38,–
ISBN 3-7723-6812-3

Hier geht es um den Z80, das Arbeitspferd unter den Mikrocomputern. Ihn hardwaremäßig gut zu verstehen, ihn softwaremäßig voll auszufahren, das bewirkt dieses Buch.
Der Band besteht aus drei Teilen, die deutlich miteinander verknüpft sind. Erstens, dem Hardware-Teil. Darin bespricht der Autor die zahlreichen Peripheriegeräte, die einen Z80 erst zum vollwertigen Mikrocomputer machen. Als da sind: Serienwandler. CRT-Controler. Druckeransteuerung. A/D- und D/A-Umsetzer.
Zweitens, dem Softwareteil. Hier wird die wichtige System-Software so intensiv besprochen, daß sie dem Anwender möglichst schnell geläufig wird. Monitorprogramme. Editor. BASIC mit Abwandlungen und Vereinfachungen. Assembler. Softwaretracer in Maschinensprache. Ausgedehnte Befehlslisten, praxisorientiert, sind für diesen Buchteil charakteristisch.
Drittens, dem Programmteil. Der lehrt das freie Programmieren, wiederum mit ausführlichen Programmlisten. Diese vermitteln dem Benutzer einen großen Erfahrungsschatz, den andere eingesammelt haben.

Preisänderungen vorbehalten!

Franzis-Verlag, München